W I Z A R D

ハーバード流
ケースメソッドで学ぶ
バリュー投資

by Edgar Wachenheim III

Common Stocks and Common Sense

エドガー・ヴァヘンハイム三世［著］
長尾慎太郎［監修］　藤原玄［訳］

Pan Rolling

Common Stocks and Common Sense : The Strategies, Analyses, Decisions, and Emotions of a Particularly Successful Value Investor
by Edgar Wachenheim III

This translation published under license with the original publisher John Wiley & Sons, Inc. through Japan UNI Agency, Inc., Tokyo

監修者まえがき

本書は、投資顧問会社グリーンヘイブン・アソシエイツの会長兼ＣＥＯ（最高経営責任者）であるエドガー・ヴァヘンハイムの著した〝Common Stocks and Common Sense : The Strategies, Analyses, Decisions, and Emotions of a Particularly Successful Value Investor〟の邦訳である。第2章の自己紹介にあるようにヴァヘンハイムの生家はけっして経済的に恵まれていたとは言えないが、彼はそうした逆境を向上心で克服し、ウィリアムズカレッジに学んで米国における最高の教育を享受したあと、ＩＢＭやゴールドマン・サックスを経て資産運用の世界に入った。著者の運用スタイルはグレアムやバフェットと同系列の賢明で手堅い正統的なバリュー投資だが、本書では著者が学んだハーバード大学ビジネススクールで採用されているケースメソッドによってその解説がなされている。ここで、一般に資産運用における投資理論（？）のほとんどがいまだに仮説の領域を出ないことを考えると、初めに理論ありきの演繹による指導方略ではなく、事例研究を重ねることで帰納的に知識や技術を獲得するケースメソッドは、投資の学習法としてまことに合理的である。

さて、グリーンヘイブン・アソシエイツの運用するアカウントは、過去二五年間に平均年利一九%のリターンを上げてきた。著者はその成功の理由を自身が八〇年代に開発したバリュー戦略によるものだとしている（第1章）が、もうひとつの大きな理由として、彼の会社が実質的にはファミリーオフィスであることが挙げられる。一般に、能力のある人間や組織が運用に失敗する理由のほとんどは投資戦略の稚拙さではなく、だれかの非合理な干渉が原因である。ファミリーオフィスの場合は、ボスは一人だけであるから、資産運用の形態として二番目に理想的である。その意味では、個人投資家のように意思決定と行動の一貫性を保つことができ、邪魔をする人間がいない場合は極めて有利な立場にあると言える。

翻訳にあたっては以下の方々に心から感謝の意を表したい。まず藤原玄氏による翻訳には正確で分かりやすい訳出を実現していただいた。そして阿部達郎氏は丁寧な編集・校正を行っていただいた。また本書が発行される機会を得たのはパンローリング社社長の後藤康徳氏のおかげである。

二〇一七年二月

長尾慎太郎

愛する妻、スー、四人の子供たち、そして六人の孫たちへ
健康であることのほか、家族よりも大切なものなどありはしない
本書の売り上げから得られる印税は、すべて慈善団体に寄付される

目次

序文

私は、株式に並々ならぬ思い入れがある。過去三〇年以上にわたり、企業や業界のファンダメンタルズを研究し、経営者にインタビューを行い、事務所や工場を訪問し、将来の業績予想をモデル化して、株を買うべきか売るべきかと数えきれないほどの決断を下してきた。その取り組みは、熱を帯び、心踊らされるものであり、楽しく、そして成功したものとなった。私よりも高いＩＱを持つファンドマネジャーはごまんといるであろうし、彼らもまた値上がりする株を求めて、徹底的な調査をしているのであろうが、私ほどの成功を収められた者はごくわずかである。では、なぜ私は成功を収めることができたのか。この問いに答えるのは容易ではない。もし簡潔な回答があるのであれば、ほかの多くの投資家が有用な投資アプローチを見いだし、大きなリターンを享受していたことであろう。しかし、現実はそうではない。ただ、ある投資家がほかの者たちよりも良い結果を得ているのには、何らかの理由があるはずである。

本書を通じて、読者の方が私の投資アプローチから何かを得ることができるように、また私の小さな成功の要因となったであろうことを探求し、また過去に下してきた投資判断の根拠を記していきたいと思う。では、どのように記していくのか。私は、ケースメソッドを通じてビジネスを教える、ハーバード・ビジネス・スクールの卒業生である。戦略や経営判断、投資判断の元となる思考を説明するにあたり、ケースメソッドという方法は知的好奇心をかき立て、妥当かつ効果的な方法であるとの確信を持っているので、本書でもその方法によることにした。本書の第3章から第13章において、私が一九八七年に設立した投資顧問会社グリーンヘイブン・アソシエイツにおいて行った投資のうち一一件の事例の内幕を披露している。これは、調査、分析、モデル化、決断というグリーンヘイブンが実際に行っている投資プロセスを解説するものである。また、感情や欲求、期待や高揚感、そして失望といった投資には付きものの人間の行動面をも説明するものである。これらの章が本書の根幹とも言えるもので、ファンドマネジャーがどのように時間を過ごし、どのように決断を下しているのか、その内面を読者に伝えることができるだろう。そして、これこそが重要であるが、私がなぜ投資家として成功することができたのか、何が有効で何が有効でないのかを読者に理解してもらうことができるであろう。

第3章から第13章で紹介する投資判断について、読者によりよく理解してもらうために、

第1章において、グリーンヘイブンの基本的なアプローチ、投資戦略について説明している。また、投資家がその投資戦略を成功裏に実行するためには、その者の性格、気性やそれまでの経験が重要となる。そこで、第2章において、私の内面、さらに重要なことであるが性格や気性、学生や職業人としての経験について述べることとする。

最終章である第14章には、ジャック・エルガートという若き投資家に向けた私の手紙を掲載している。彼は、ファンドマネジャーとして成功するためのアドバイスを私に求めてきたのだ。この章では、私の投資戦略、そして長い経験のなかで有用であると感じた「なすべきこと、なさざるべきこと」をまとめている。

私がまだ一〇代、二〇代だったころ、自分の能力を隠すことも才能のひとつであると、父は繰り返し忠告していた。また叔父も、人目を引くようなことはすべきでないと繰り返し助言してくれた。それなのに、なぜ私は筆を執ることにしたのだろうか。尊敬と愛情の対象であった先達の言葉に逆らうのだろうか。株式投資は私の一生の仕事であり、情熱であり、喜びであり、収入源であり、富の源泉なのである。これこそが先達の言葉に逆らう理由である。投資家として成功するという期待を胸に、私は懸命に勉強し、投資アイデアとして有効なものとそうでないものについて徹底的に考えを巡らせてきた。そして、投資家として成功する者が持つ内面性、経験、想像力や精神などについても熟考してきた。それらの努力の結果、私は投資家として成功するための、心理的・分析的アプローチを身に付けることができたのだ。近年に至り、これはほとんど使命とも感じているのだが、私のアプローチや経験を、時間を無駄にはできないほかの人たちと共有したいという衝動に駆られている。それゆえ、本書を著すことにしたのだ。

本書に記されている投資にかかる基本的な事象はすべて正確であるが、そのときになされた会話や、業績予測、日付や場所などの詳細については失念しているものが多々ある。可能なかぎり、不確かな記憶をたどり、正確を期そうとしてきたつもりだ。また、本書に登場する個人の名前や背景については、彼らのプライバシーを守るために、勝手ながら変更している。また、ジャック・エルガートに宛てた手紙には、より詳細な解説を行うためにアプローチや戦略について付け加えてもいる。

本書が投資プロセスについての考えを刺激するものとなることを強く期待している。たとえ読者が私の投資アプローチに同意できないことがあったとしても、読者が投資という科学や芸術を深く考えるきっかけとなるのであれば、本書を記すためにつぎ込んだ時間と労力は無駄ではなかったと思えることであろう。

第1章 投資アプローチ

注　本章の多くは、大部分の投資家にとってはさして目新しいものではないであろう。本章は、経験の乏しい投資家の、バリュー投資に対する理解を促すために記したものである。

良い投資というのは、常識に基づくものであると私は考えている。しかし、人間の行動面における不完全さが、それを難しいものとしている。まずは、簡潔明瞭なコンセプトから歩を進めることにしよう。つまり、たとえ株式市場と同程度のリターンしか上げることができなかったとしても、株式は長期間にわたり極めて魅力的な投資対象であり続ける、ということだ。一九六〇年から二〇〇九年までの五〇年間において、アメリカ株は、キャピタルゲインと配当とを合わせたトータルリターンの平均で、年利九～一〇％の利回りをもたらしている。この素晴らしいリターンに加え、株式は流動性が高く、わずかな費用で容易に売買ができる。また、これこそが重要な点であるが、適切な選択をしさえすれば、株式は資本の永久喪失を防ぐ有効な手段となり得るのだ。良好なリターン、高い流動性、そして相当な安全性。これ以上のものがあるだろうか。まさにホームラン級の組み合わせだ。これこそが、私が株式に夢中になる理由である。

過去五〇年にわたり、株式がもたらした年利九〜一〇％のリターンは、経済的な視点からしても有意であろう。統計的に異常と言えるわずかな年を調整すれば（一九七三年から一九八二年にかけてのインフレ率は異常に高かった）、この期間、アメリカ経済はおよそ年利六％で成長したことが分かる。これは実経済の成長（生産量の増大）がおよそ三％、インフレ（物価の上昇）によるものがおよそ三％である。同期間における企業の収益は経済全体と歩調を合わせたものであり、利益額もおよそ収益と同様に増大している。アメリカ株式のＰＥＲ（株価収益率）は、五〇年間で大きく変動してはいるが、平均するとおよそ一六倍といったところである。つまり、企業の買収や自社株買いを考慮せずとも、株式は経済成長のおかげでおよそ年利六％上昇してきたということだ。

概してアメリカ企業は、自らの成長を支えるために必要となる額を上回る現金を生み出している。この余剰資金が、配当の支払いや企業の買収、または自社株買いに充当されるのだ。過去五〇年間の配当利回りは二・五％強であり、買収と自社株買いとが上場企業のＥＰＳ（一株当たり利益）を年に一％程度底上げしている。

それゆえ、平均的な企業のＥＰＳは六％程度の「有機的」な増大を示し、買収や自社株買いを含めれば、およそ七％の増大となる。これに配当利回りの二・五％強を加えれば、株式投資家が獲得できるトータルリターンは平均して年利九～一〇％となる計算だ。

将来を予見するのは難しいとしても、アメリカが適度に繁栄し、また資本主義的であり続けるとするならば、アメリカの株式市場が今後も年利九～一〇％の平均リターンをもたらさないとする理由は見当たらない。たとえ、アメリカ経済の成長が過去よりも低調なものとなったとしても、だ。将来の成長が鈍りだしたとしたら、企業は成長を支えるためにキャッシュフローの多くを事業に再投資する必要がなくなる。企業にとっては、配当の支払いや他社の買収、自社株の買い戻しに充てる資金がそれだけ増えるわけである。つまり、それらの手段を通じて増大するリターンは、成長の鈍化によるリターンの減少分を補って余りあるものとなるはずだ。

株式には多くの長所があるにもかかわらず、多くの投資家が株式に投資することを恐れるのは、株式市場のボラティリティ、さらにはメディアやウォール街が発する悪材料を受けての暴落を恐れるがゆえであろう。ボラティリティをリスクだと考える向きは多い。しかし、重要なことは、リスクについて考えるならば、資本の永久喪失とボラティリティとを明確に区別しなければならないということだ。前者は二度と取り戻せない損失であり、資本の永久喪失は危険なばかりでなく、ペスト同様に是が非でも避けなければならないものである。これは、富の創出には決定的に有害なものだ。一方で、ボラティリティは単に株式や市場の価格（価値ではない）が上がったり、下がったりするだけのことである。たしかに価格の下落にはイライラするが、それを除けば何の害もないのだ。市場や株式は変動するものである。常にそうであるし、今後もそうであろう。重要なことは、市場が下落したあとには、必ず回復し、新たな高値まで上昇するということだ。二〇〇八年秋から二〇〇九年春に発生した金融危機は、ボラティリティの極端（異常）な例である。二〇〇八年八月末から二〇〇九年二月末までの六カ月間に、S&P五〇〇指数は一二八二・八三から七三五・〇九まで四二%も下落した。しかし、二〇一一年初頭までには、一二八〇の水準まで回復し、二〇一四年八月には二〇〇〇まで上昇したのだ。二〇〇八年八月三一日にS&P五〇〇指数を購入し、六年後に売却した投資家（本書では、「彼の」または「彼」という表現を使っているが、これは「彼女の」または「彼女」とも同義である」は、大恐慌以来最悪の金融危機と不景気を経験しながらも、配当を含まずとも実に五六％のリターンを獲得したことになり、この六年間に受け取る配当を含めればリターンは六九％にもなるのだ。過去五〇年間で、株式は平均して年利九～一〇％のリターンをもたらしていると前述した。二〇〇八年八月から二〇一四年四月の六年間、尋常ならざる不安と、金融危機、そしてそれに続く激しい景気後退にもかかわらず、株式市場は平均して年利一一・一％という、平均値を上回るリターンをもたらしたのだ。

それゆえ、二〇〇八年から二〇〇九年にかけての金融危機は、たしかに恐ろしいものではあったが、アメリカ株の価値には長期的に見てさしたる影響を与えなかったのだ。危機の間のボラティリティは、我慢強く長期投資を行う者にとっては、取るに足らないものであったのだ。

つまり、投資家はボラティリティを友としなければならないのだ。ボラティリティが高ければ、投資家は著しく下落しているときに株式を買い、高値を付けているときに売却することができるわけだ。では、株式を買ったあとで、株価が急落したとしたらどうであろうか。買値が割安であるかぎりは何の問題もない。株価はやがては回復し、買値を上回る水準まで上昇することであろう。

私にとっての株式の重要な長所がもう一つある。投資家は、株式を売買するタイミングを決めることができるわけだが、投資に成功するかどうかを決める唯一の要因は、株式を取得するときの費用と、売却するときの価格だけである。学生の成績には、残念ながら宿題の評価や授業への出席、抜き打ちテストや中間テストの結果が反映されるが、投資家の成績は、株式を売却すると決めたときに得られる利益だけが考慮されるのだ。とある企業の株式を八〇ドルで買った投資家がいるとする。株価はその後四〇ドルまで下落し（落第点である）、その後一年間は四〇ドルの水準で推移する（完全に落第だ）。その後、株価は上昇を始め、株式取得から三年後には一六〇ドルに達する（Aプラスの成績だ）。そして、投資家は一六〇ドルで株式を売却し、三年後に資金を倍にする。投資家が成績表を受け取るとしたら、彼の最終的な成績はAプラスである。途中の落第点など、どこかへ行ってしまうのだ。一年間、四〇ドルで売買されていたことは関係ない。株価が四〇ドルのときに強制的に売却させられたりしないかぎりは、途中の株価などまったく問題ではないのだ。また、株価が四〇ドルのときに、増し玉するだけの資金を投資家が持っているとするならば、四〇ドルという株価はむしろ神の恵みであり、株価の極端なボラティリティは親友として機能することになるのだ。

投資家の多くが、株式市場の下落を避けようと躍起になっているが、私は同意できない。株式市場は下落しても、やがては完全に回復するのである。株式を空売りしたり、S&P五〇〇のプットオプションを買ったり、その他さまざまな手法を用いて市場の下落をヘッジすることはたいていの場合は高くつき、長期的に見れば資金の無駄遣いでしかないのだ。では、時折起こることだが、株式市場が一時的に異常な高値にある場合は、どのようにして自らを守ればよいのだろうか。そのときは、リスクと期待される利益との比率が魅力的ではない水準まで株価が上昇してしまっているので、ポートフォリオを構成する個々の株式は売却されるであろう。また、高値にある市場のなかで、魅力的な投資アイデアを見いだすことは難しくなるので、ポートフォリオに占めるキャッシュの割合は（ポートフォリオのかなりの割合まで）増大するであろう。つまり、キャッシュが市場の下落に対する防御となるのだ。しかし、それ以上に重要なことは、異常な高値にある市場の下落に対する防御をしようとしてキャッシュ比率を上げるのではなく、市場が高値を付けている結果としてキャッシュ比率が上がるのだ。

それゆえ、平均的な株式投資家は、資本を永久喪失するリスクを負うことなく、年利九

～一〇％のリターンを平均して稼ぐことができるはずである。私が普通株のリスク・リターン特性を魅力的だとするには理由があるのだ。投資にどれだけのリターンを求めるかが、どれだけのリスクを許容するかを決定するのだ。想定するリスクが高ければ高いほど、求めるリターンも大きくなる。前述のとおり、ほとんどの投資家がボラティリティをリスクだと考える過ちを犯している。それゆえ、そのような投資家たちは、株式に過大なリターンを求めるのだ。この間違いこそがわれわれにとってはチャンスであり、私がボラティリティは友人だと考えるもう一つの理由である。

株式市場はそれだけでも魅力的であるが、私の目的は長期にわたって市場を大幅に上回る業績を上げることにある。厳密に言うと、資本を永久喪失するリスクにさらされることなく、年利一五～二〇％のリターンを平均的に上げることが私の目標である。幸運にも、われわれはその目標を達成してきた。過去二五年にわたり、われわれが運用している口座は、平均すると年利一九％近いリターンを上げている。この成功の多くは、私が一九八〇年代に開発した戦略によるものである。その戦略とは、堅実かつ成長している企業の、大幅に割安となっている株式、願わくは、いまだ株価に反映されていない前向きな変化が見られた結果として急上昇するであろう株式を買おうとするものだ。割安であること、成長していること、そして堅実であることは、われわれが忌み嫌う資本の永久喪失への防御となるし、それらに加え、企業に前向きな変化が見られれば、高いリターンを獲得する機会をもたらすことにもなる。われわれは通常、一つまたはそれ以上の進展によって向こう数年の間に株価が上昇するであろう企業の株式を買い、そして、その進展が見られ、株価に十分に反映されたら売るのだ。前向きな変化とは、業界の景気循環が上向きになるということもあれば、面白い新製品やサービスの登場、他社による買収、優秀な経営陣への交代や大幅な費用削減計画の導入、大規模な自社株買いの実行といったものもある。重要なことは、われわれが予見する前向きな変化をほかの多くの投資家がいまだ見いだしていないことだ。そのためには、創造的でなければならず、また先手を打たなければならない。それができなければ、将来の進展などすでに株価に織り込まれてしまっていることだろう。

では、われわれが銘柄の選択を誤ったり、期待した進展が見られなかったりしたらどうだろうか。そのときは、割安であること、堅実であること、そして成長していることがほどほどのリターンを稼ぎ出す機会を提供することであろう。アイシング（糖衣）を振りかけられるかどうか分からないが、少なくともケーキは手に入るのだ。

この前向きな変化を予見しようとする戦略は極めて常識的なものである。株価というものは、常に大部分の投資家の総意を反映するものである。大きなリターンを獲得するためには、将来についてほかの大部分の投資家とは異なる、より正確な意見を持たなければならない。つまり、投資で成功することは、ほかの大部分の投資家よりも正確に未来を予測することだとも言えるのだ。

株式は適切に選択すれば、資本の永久喪失というリスクに対しても有用な防御を提供すると私は述べた。では、その防御を提供する株式を選択するためにはどのような基準を設ければ良いだろうか。資本を永久喪失するリスクを測る計算式など存在しないことは言うまでもない。投資を計算式に落とし込めるというならば、世界の億万長者は数学者ばかりとなるだろう。しかし、見いだすべきいくつかのサインは存在する。レバレッジのかかったバランスシート（貸借対照表）、つまりキャッシュフローや資産と比較して債務が巨額である企業は、業績が悪化すると金利を支払うための現金が不足しかねず、その場合は破産宣告をしなければならなくなる（破産手続きが行われると、普通株式の保有者は通常の場合、その投資額のほとんどを失うことになる）。企業としての価値をたった一つの技術に頼っている企業は、その技術が時代遅れとなれば、企業としての価値も失ってしまう。例を挙げれば、デジタルカメラの登場がコダックのフィルムを時代遅れなものにし、その結果としてコダックはその価値の多くを永遠に失ってしまったのだ。また、投資家はあまりに高値で株式を買えば、資本を永久喪失しかねない。

資本を永久喪失するリスクを最小化するために、私は買う株式に安全域を求めることにしている。この安全域というのは、つまり、投資家は自ら推定した株式の本源的価値よりも大幅に安い価格で株式を買うべきであり、そうすることでその推定が楽観的にすぎるものであったとしても、資本の永久喪失を防ぐことができるとする考え方である。例を挙げるなら、ビルの一〇階で、ロビーへ降りるためのエレベーターを待っている投資家がいるとする。エレベーターのドアが開く。投資家は、エレベーターの最大積載量が六〇〇ポンドであることに気づく。エレベーターにはすでにかなり太った男が二人乗っている。彼らの体重は二〇〇ポンドはあると投資家は見て取った。そして自分の体重が一七五ポンドであることを知っている。この投資家はエレベーターに乗るべきではないだろう。十分な安全域がないのだ。投資家は、この二人の太った男の体重を過小評価しているかもしれない。またエレベーター会社は、エレベーターのケーブルの強度を過大に見積もっているかもしれないのだ。投資家は次のエレベーターを待つ。そしてドアが開くと、痩せた老婦人が一人しか乗っていない。投資家は夫人に挨拶をしてエレベーターに乗り込むのだ。ロビーに到着するまで、この投資家は十分な安全域を享受することになる。

安全域を求めることで、われわれは「グロース株」投資家ではなく、「バリュー株」投資家になる。バリュー投資家として、われわれは推定した株式の本源的価値に対して、どれだけの価格を支払うかに大きな注意を払う。しかし、グロース株投資家は、企業の成長率に重きを置き、その成長に対して支払う価格にはさして注意を払おうとはしない。グロース株投資家が一五％の成長を示している企業の株式を買い、それを何年も保有するならば、リターンの多くはＰＥＲの変化よりも成長そのものから得ることになる。それゆえ、グロース株投資家のほとんどが、ＰＥＲの高い株式を喜んで買うのだ。しかし、私はグロース株投資には問題があると考えている。企業が高い成長率を永遠に維持することなどできはしない。事業とは時間とともに変化するのだ。市場も成熟する。競争も激化しよう。優れた経営陣が引退し、能力の低い者がそれに取って代わることだってある。かつては高い収益率を誇ったグロース株が、競争力を失った結果、さして儲かりもしない循環株に成り下がったという例は株式市場にあふれている。コダックが一つの例だ。ゼロックスもそうだろう。三番目がＩＢＭだろうか。その他にもごまんとある。グロース株が行き詰まりを見せると、ＰＥＲが低下し、時には利益も減少するので、株価は急落する。そして、その株式に投資した者は重大な資本の永久喪失を被ることとなるのだ。グロース株が行き詰まりを見せても、株価が急落する前に売却できると主張する投資家はたくさんいるが、現実問題として、企業が乗り越えられる一時的な難局に直面しているのか、それとも情勢が永続的に逆転してしまったのかを見定めるのは容易なことではない。そして、劇場内で火事が発生したことが観客に明らかとなったときには、非常口から逃げ出せるのはほんのわずかな人数にすぎない。それゆえ、多くのグロース株投資家が資本を永久喪失することとなるのだ。

グロース株に高い価格を支払うことを回避することに加え、私は株価が大幅に割安になっていたとしても、脆弱な企業は避けるようにしている。なかには、業界での地位も弱く、将来の見通しもはっきりとしない企業の割安株に魅力を感じるバリュー投資家もいる。私はそのような投資を「シケモク」と呼んでいる。一吹かしするには良かろうが、それで終わりだ。私が求めているのは、堅実で、業界でも良い位置にいる企業の割安株を買うことである。そのような割安株の価格が本源的な価値まで上昇する、または前向きな変化によって活気づくには何年もの時間を要することを、私は経験から知っている。業界での地位の弱い企業の株式を保有していても、その本源的価値はゆっくりとしか上昇せず、時には投資家が資本を永久喪失するような水準にまで低下してしまうことすらあり得る。しかし、優れた企業の本源的価値は、年利七％以上も増大し得るのだ（本源的価値の増大は、ＥＰＳの成長と一致する。前述のとおり、平均的な企業のＥＰＳは、過去五〇年間で年利七％程度の成長を示している）。これが、時間は良き事業の友となるが、悪しき事業には敵となる、という理由である。

また、投資家がしばしば直面するのは、上昇する余地は極めて大きいがリスクも高い株式と、上昇余地は限られているけれどもリスクも小さい株式のどちらを買うべきか、という選択だ。われわれはリスクの小さい株式を買う。それは、ウォーレン・バフェットの言う「投資家として成功するための二つのルール」をわれわれは心底信じているからだ。一つは、資本の大きな永久喪失を回避すべきであること。二つは、一つ目のルールをけっして忘れないこと、だ。このようにリスクを回避すべきことを強調する理由はいくつもある。仮に投資家が一つの株式で五〇％の損失を出し、回収した資金を次の株式に投じるとする。投資家が最初の投資で被った損失を取り戻すには、株式は一〇〇％上昇しなければならなくなる。さらに、資本を大きく永久喪失すると、投資家は自信も失うものなのだ。良き投資家とは自分の決断に絶対の自信を持つ必要がある、と私は確信している。というのも、投資判断というのは明確ではあり得ず、常に不確実性と未知とのなかを潜り抜けていかなければならないからだ。

リスクを避け（ボラティリティは意に介さない）、前向きな変化の結果として株価が急上昇することが期待できる、堅実で、成長している企業の割安株を買うというわれわれの戦略こそが、長年にわたり成功を収めてこられた重要な要因である。しかし、極めて知的で経験も豊富な他の投資家のほとんどが、合理的な投資戦略を用いながらも、S&P五〇〇指数に勝てずにいる。それはなぜか。その疑問に対する私の答えは、投資家として成功するためには分析的な面よりも、行動の面での能力が必要となる、というもので、これこそが本書の鍵となるものである。特に、社会通念に反するような逆張り的な決断を下すことに長けていること、直近のトレンドからの推定に反するような蓋然性のある将来展開に基づく結論を導き出せるだけの自信を持つこと、そして困難やストレスに見舞われる間でも感情を抑えられることが投資家として成功するためには必要であると私は確信している。これら三つの行動面での特性こそが重要であり、それによってさらなる分析も価値を持とうというものだ。

コントラリアンたれ

株価というものは、いかなるときであっても投資家の大多数の意見によって決定されるのであるから、われわれからすれば割安な株であっても、ほかの多くの投資家は適正価格だと思っているということだ。それゆえ、割安に放置されている株式を買うことで、われわれは逆張りのポジションを取っていることとなる。これは不人気で、時に孤独とも言えるポジションである。自らをコントラリアンだと称する投資家は数多くいるが、実際には一般的な見解にあらがい、広く行き渡った意見やほかの投資家、ウォール街、アナリストたちのセンチメントに反して投資をすることは困難であることに気づくであろう。個人にせよ、投資家にせよ、つまるところ他人に追従するばかりとなるのがほとんどで、先導者となれる者はいない。

ほとんどの投資家が支配的なセンチメントに反して投資を行うことができないのは、習慣的な特性、さらに言えば生来の特性が原因であろうと私は考えている。これを科学的に証明することはできない。しかし、知性にあふれ、経験豊富な投資家が不人気な割安株を避け、人気を集め株価も十分に高くなっているような株式を好み、この方法がせいぜい平凡な結果をもたらすのが関の山だということが明らかとなっているにもかかわらず、毎年毎年同じパターンを繰り返していることを私は知っている。私が定期的に食事をともにしながら投資アイデアを議論する一人の紳士もその例に属する。ここでは、彼をダニー・ディナー・デイトと名づけよう。ダニーは高いＩＱを持ち、四〇年以上も投資業界にかかわっている。彼は、難関のプライベートスクールをトップクラスの成績で卒業し、アイビーリーグの大学に通ったのだ。証券アナリストやファンドマネジャーとして長年働いたあと、かなり大きな資産運用会社の経営を任されるに至る。ダニーの履歴書はＡプラスである。しかし、ダニーの運用成績は二流、ＣかＣプラスといったところであろう。不当にも割安に放置されている株式が、一時的な問題を解決することで急上昇するであろうと私が説明すると、ダニーはいつも真剣に耳を傾け、その株式の取得に興味を示すことがたびたびある。しかし、詳しく話を始めると、ダニーは必ずと言ってよいほど、こう口にするのだ。「株式を買う前に、問題が解決されたことを示す何らかのシグナルを待とう」と。そのようなシグナルがダニー・ディナー・デイトの目に留まるころには、ほかの多くの投資家にもすでに明らかとなっているのであり、来る変化のほとんどはすでに株価に織り込まれてしまっていることは言うまでもなかろう。それゆえ、ダニーはすでに急上昇した株式を買うことになりがちなのだ。買うタイミングが間違っていることをダニーも重々承知しているわけで、不人気な株式を買えないのはやはり習慣なのだと結論づけることができよう。彼はただコントラリアンとして先導者となる能力を欠いているわけで、追従者の群れの一人となるしかないのである。

自信を持つ

投資判断が明確であることなどめったにない。投資家が得られる企業のファンダメンタルズに関する情報はたいていの場合は不完全で、かつ相矛盾している場合もしばしばある。あらゆる企業が現在の、そして将来の問題を抱え、また現在の、そして将来の強みを持っているのだ。企業の製品やサービスに対する将来の需要を正確に見通すことなどできないし、競合相手が投入した新製品やサービスが成功するかどうか、将来のコスト増大はあり得るのか、その他多くの変動要因について確たるものを得ることはできない。それゆえ、投資の結果は不確かなものとならざるを得ないのだ。しかし、決断を下すにあたり、投資家はどのような結果が起こり得るかその可能性を評価することはできるし、その可能性に基づいて決断を下すことはできる。投資とは、確率論的なものなのだ。

確率論的な世界で合理的な判断を下すためには自信が必要だ、というのが私の持論である。自信のない投資家が自らの見立てを支持する追加的な情報を求めて決断を遅らせてしまうということを何度となく私は目にしている。その遅れは取り返しのつかないものとなり、投資機会は永遠に失われてしまうのだ。ウォーレン・バフェットは、投資家はすべてのボールにバットを振る必要はないと言っている。しかし、良い球を見逃しすぎる投資家は、「おいしい」ボールだけを振っているという自信が持てないので、そのボールを見定める前に三振を喫することになるのだ。

私も長い職業人生のなかで、買うべきでない多くの株式を買い、また買うべきであった株式を買えずにきたものだ。予想と異なる結果となった多くの判断を踏まえたうえで、自らの投資に自信が持てるかどうか、私は常々自問自答している。私にはこの問題に対する解がある。自信を保持し、後悔（チャンスを見逃したことや失敗に終わったことで取り乱したり）しないようにするために、私は判断の正しさと、その判断の結果とを明確に区別しているのだ。株式を注意深く分析し、その分析が大量の正確な情報を基礎とするものであれば、私は常に正しい判断を下していることになる。たしかに、その判断の結果は期待したものとは異なるかもしれないが、判断は常に確率論的なものであるし、その後の予期しない変化や出来事が結果を変えてしまうことだってあることを私は知っている。それゆえ、知り得るかぎりの情報に基づき合理的な判断を下すことに最善を尽くしはするが、その結果に思い悩むことはしない。言ってみれば、ゴルフのパッティングのようなものだ。パットを打つまでは、グリーンの形状や速さを注意深く読もうとする。何度か素振りをして、狙ったラインどおりにパットを打てることを期待する。あとは、パットを打って、最良の結果を待つだけだ。カップに入ることもあるが、外すことのほうが多いだろう。カップを外すことなど気にしなくともよい。ゴルフや投資の意思決定プロセスでは、不安を取り除くことで、より合理的に考え、より自信を持って行動することができるのだ。そうすることで、より良い決断を下すことができるし、その投資判断が一般的な見解に反する場合や難しいものである場合にはなおさらである。そうして、私は夜もぐっすり眠れるのだ。

感情をコントロールする

株式市場や個別銘柄が弱含みだと、多くの投資家が感情的な反応を示し、大局観や忍耐力を失いがちであることを、私は目の当たりにしてきた。それに拍車をかけるのが、ウォール街やメディアが発する消極的なリポートである。それらは、市場の弱さの原因を過剰に強調したものであることが多い。毎日、何百、何千という飛行機が離発着しているが、われわれが新聞で目にするのは事故を起こしたたった一機についてだけだ。悪いニュースは売れるのである。悪いニュースが株式へのさらなる売り圧力となり、感情的な反応を誘発しているかぎり、この否定主義は自己増殖していく傾向がある。悪いニュースに囲まれると、投資家はファンダメンタルズよりも感情に基づいた、不合理で大きな犠牲を払うような判断を下しがちなのだ。これが株式の売りにつながり、また悪いニュースが流れる。その逆もまた然りだ。株価が大幅に下落したあとに株式を売り、十分に上昇したあとに株式を買うのが投資家だとも言える。それゆえ、短期的なニュースに感情的に反応をして売買すると高くつくことになる。そして、時には極めて高くつくことになるのだ。ジョン・メイナード・ケインズは市場での売買について次のように述べている。「出来得るかぎりゆっくり売り、出来得るかぎりゆっくり買おうとする者たちこそ、あまりに頻繁に売買を繰り返すことになるのだ」（John Maynard Keynes, 〝Memorandum for the Estates Committee.〟 Paper presented to the Estates Committee, Kings College at Cambridge University, My

8, 1938.）

一九八七年一〇月一九日、S&P五〇〇指数はパニック売りの結果、二〇・九％も下落した。急落の原因となるようなファンダメンタルズの変化は何も見当たらなかった。その晩、ニューヨーク州ライに向かう電車に乗り合わせた人々の顔は青白くなっていた。電車に乗り込むとき、私は中規模の資産運用会社を経営する友人を見かけ、声をかけた。完全に動転しているように見えたその友人は、今日の市場の暴落は大恐慌以来最悪なものであり、ほとんどの投資家が株式市場への信頼を失い、さらなる株価の下落を引き起こし、回復までには数年を要するだろうと言った。彼は、その日いくつかの銘柄を売却したが、明日以降もさらに売るつもりだという。私はこの友人の論理と言うよりも、論理の欠落に驚かされたものである。仮に彼が一〇月一八日時点で、一四ドルの価値はあると考えている株式Xを保有しており、それがその日一〇ドルの価格を付けていたとしよう。さらに、一〇月一九日に至り、株価は市場に連動して下落し、七・九〇ドルでその日の取引を終えたとする。私の友人は、一昨日までは一四ドルの価値があると信じていたにもかかわらず、七・九〇ドルで売却するというのだ。バカげた話ではないだろうか。友人は、理屈ではなく、感情に従って行動したのだ。そして、彼の過ちは大きな犠牲を払うことになった。その後の二年間で、S&P五〇〇指数は五〇%以上も上昇したのである。

ボーポスト・グループの創業者であるセス・クラーマンはかつて次のように述べている。「人々は意識して、感情的な投資をしているのではない。彼らはそうせざるを得ないのだ」（バートン・ビッグス著『ヘッジホッグ――アブない金融錬金術師たち』［日本経済新聞出版社］）。私がこれまで観察してきたことからしても、セス・クラーマンに同意するのは容易なことだ。知性にあふれ、経験豊かな投資家でも、ストレスが大きくなると感情のコントロールを失い、軽率な判断を繰り返すことを私は何度となく目にしている。それら知性にあふれ、経験豊かな投資家たちは、自らの誤りの原因は、自らの感情にあることを認識しなければならないことは言うまでもない。しかし、なぜ彼らは失敗から学び、感情を抑えようとしないのだろうか。ストレスが多いときに、感情的にならずに、考え、行動することができないのは習慣的なもので、彼らの人格に染みついてしまっているのだろうか。この疑問に自信を持って答えることはできないが、私はだれでも努力と思考を通じて感情を十分に抑制し、ストレスが多いときでも合理的な判断を下すことができると考えている。必要なのは自制心、おそらくは強固な自制心であり、取り組む意志のある投資家にしてみれば乗り越えられないものではないだろう。ここで一つの方法を提案する。非常に悪いニュース、または良いニュースに遭遇したら、投資家はそのニュースが発生する前に記したメモやノートやモデルを読み直せばよい。そして、三つの質問を自らに問うのだ。本当に何か変化があったのだろうか。その変化は検討している投資の価値にどれほどの影響を与えるのだろうか。その変化に対する自身の評価は合理的であり、ニュースの速報性や緊迫感に過剰な影響を受けてはいないと言えるだろうか。自身の感情を知り、それを注意深くコントロールしようとすることで、投資家はより優れた判断を下すことができるようになるだろう。これは極めて重大な事である。私にしてみれば、目先のニュースに対する過剰な反応こそが、株式市場で負ける主因だからである。

＊　＊　＊　＊　＊　＊　＊

第3章から第13章までを読むと、コントラリアンでいられること、自信を持って投資できること、そして自らの感情をコントロールできることが、私の長年にわたる成功の要因であることが分かると思う。たしかに、多くの投資本が強調するような分析の技術も重要ではあるが、それは整然と、合理的に、自信を持って、感情的にならずに投資判断を下せる精神があって初めて意味を成すものである。それこそが本書で最も重要なことである。
それゆえ、自らは投資家として成功するための行動特性に加え、分析技術も知識もあると思うのであれば（情報へのアクセスは、投資家にとっては重要な競争力の源泉である。そして、プロの投資家が一般投資家よりもたくさんの情報にアクセスできることは言うまでもない）、目標に向かって努力し、株式を分析し、保有するアクティブ投資家になることを薦める。アクティブ投資は有効であろうし、平均以上のリターンをもたらすであろう。また、アクティブ投資家は株式を分析し、選択し、保有するスリルと知的満足を得ることができる。

一方、自らにその資質はないと思う者は、パッシブ投資、つまりインデックスファンドや市場のパフォーマンスに連動するよう設計されたＥＴＦ（上場投資信託）などへ投資すればよいと思う。昨今のインデックスファンドやＥＴＦの隆盛は、長期的に株式市場に勝つことはできないと考える投資家が多いことの証左であろう。国家のためを考えるならば、私はこの趨勢を歓迎している。週末にテニスを楽しむ人々が世界ランクのテニスプレーヤーと試合をしようとはしないのと同じように、個人投資家のほとんども才能あるプロの投資家と競うことはないのである。徹底的に叩き潰されるだけだ。

第2章

自己紹介

投資家として成功するかどうかは、その人の性格によるところが大きいと私は考えている。そこで、私のＤＮＡと人生経験について読者に知ってもらうことは有益であろうと思っている。生来の性格がまったく異なるものであったり、まったくタイプの違う先生や上司に指導を受けていたら、私の投資スタイルも、判断も、さらには成功も、現在とはまったく異なるものとなっていたことであろう。それゆえ、私の投資判断について説明する前に、その素性を明らかにしたいと思う。本章は八つの項目からなっている。

一・自ら考え、喜んでコントラリアンになれる

私は常に自ら考え、そして一般的な見解とは相反する決断を喜んで下してきた。

両親の言葉によると、私は幼いころから自分で考える子供だったようだ。その証拠に、小学一年生のとき、神様やサンタクロース、歯の妖精（乳歯が抜けたときは、いつも枕の下にいたのであるが）など、数多くの目に見えないものが実在するのかどうかと両親に質問をして困らせた。私は完全に、疑い深きトーマス、だったのだ。高校、大学、特にハーバード・ビジネス・スクールでは、独創的であること、ほかの生徒たちや時には先生たちと相いれない立場を取ろうとする知的なプロセスを楽しんだものである。

私の逆張り的・コントラリアンな性格を示す好例がある。高校のときだが、アメリカの歴史を教える教師に、ドナルド・エリクソン先生がいた。エリクソン先生は、授業のたびに、わが国の歴史上の出来事を一つ説明し、その晩、その出来事について読書をするよう課題を出した。授業は退屈そのものであった。本当に退屈だった。教室でのディスカッションもほとんどなく、批判的思考においてをや、である。私は背教者となることを決めた。自宅に戻ると、アメリカの歴史に関する父の大学時代の教科書を見つけたのだ。それは高

校で使われている教科書よりも、相当に詳しく、また洗練されたものであった。エリクソン先生が授業で取り上げる前に、大学の教科書にあるさまざまな出来事を読み込み、重要な日付や結果を記憶することに決めたのだ。そして、エリクソン先生が授業でその出来事を取り上げるころには、私は準備万端、彼が間違えでもしたら訂正し、正当に取り扱わないことでもあろうものなら、より詳細な追加説明をしてやろうと待ち望んでいた。「エリクソン先生、ボストン茶会事件を組織したのはサミュエル・アダムズであって、先生が言うジョン・アダムズではありませんよ。ちなみに、サミュエル・アダムズはジョン・アダムズのまたいとこです」。また数日後の授業では、「エリクソン先生、サラトガの戦いが起きたのは一七七七年の秋であって、先生が言う春はあり得ないです。ゴーバイン将軍がケベックから南進するのは六月一三日を待ってからですし、タイコンデロガ砦でインディアンたちを打ち負かしたのが七月七日で、それからサラトガに南進して、到着したのが九月半ばですから、秋ですよ」といった具合だ。ついに、エリクソン先生は我慢の限界に達したようで、断りようのない取引を持ちかけてきた。エリクソン先生は、元アメリカ農務長官で、フランクリン・ルーズベルト政権の副大統領だったヘンリー・A・ウォレスとはご近所付き合いをしていた。ヘンリー・ウォレスは、エバー・ノーマル・グラナリー（常平倉

［緩衝在庫］と名づけた政策を推進していた。エリクソン先生の取引とは、ヘンリー・ウォレスにインタビューをして、エバー・ノーマル・グラナリー政策についてのリポートを書けば、その学期の残りの授業には出なくてよい、というものだった。私がこの取引に応じるのに費やした時間は二秒である（「イエス」というまでに随分時間がかかった）。先のアメリカ副大統領にインタビューできるなど、高校三年生には魅力的にすぎる提案だった。それに、退屈極まる授業に出席するより、どんなに良いものだろうか。

エバー・ノーマル・グラナリーは極めて単純な考えである。トウモロコシや小麦、大豆などが豊作で供給過多となり、その結果、価格が下落しているときは政府が介入し、作物を買い上げることで価格を安定させるというものだった。政府は購入した在庫を穀物倉に保管し、凶作で供給不足が懸念され、価格が上昇しそうなときは、穀物倉に蓄えた作物を売却することで市場を安定させようというわけだ。農作物市場を安定させようという政府の取り組みは、農家にとっても、消費者にとっても、理論的には良いものだ。ウィン・ウィンの状況である。

ヘンリー・ウォレスへのインタビューは二回行われた。どちらも上出来で、私は課題のリポートを書き始めた。エリクソン先生は、エバー・ノーマル・グラナリーは素晴らしい考えだと信じており、ヘンリー・ウォレスはもちろん、この政策に夢中であった。エバー・ノーマル・グラナリーの実効性について、皮肉交じりに考えた結果、私はまったく異なる結論に達した。私の結論はこうだ。農家の生産が過剰となった年に、政府が安定させた価格が比較的高いものだったとしたら、農家はその高い価格を享受するため、大量の作物を栽培し続けるだろう。それゆえ、まれに天候不順でもないかぎりは、農家は過剰な生産を続け、政府はそれを買い続けなければならなくなる。やがて、穀物倉は満杯になるだろう。その後はどうなるか。政府がアメリカ国内の価格を人為的な高値で安定させたとしたら、輸入業者はこれまた供給過多となった他国から安い価格で穀物を購入し、市場にあふれさせるのではないだろうか。つまり、エバー・ノーマル・グラナリーの考えは机上では聞こえがよいが、実際には機能しないと私は結論づけたのだ。エリクソン先生がこの結論に不満なのはもちろんだが、ヘンリー・A・ウォレスにはけっして伝えないよう私に約束させたのだ。一七歳の私は、元アメリカ副大統領、ついでに学校の先生の向こうを張ってやったのだ。私はその学期、ほとんど授業に参加することはなかったが、アメリカ史の成績はAプラス、期末試験では九七点を獲得した。

コントラリアンたる私の資質は、DNAレベルのものだと確信している。

二　経済的に成功しようとする動機

私の両親の一族は、かつては相当な富に恵まれていた。しかし、幸にも不幸にも、はるか昔にその富の大半は失われ、われわれ兄弟に引き継がれることはなかった。

父の曽祖父であるマイケル・サンプターは、「既製服」メーカーの走りであったM・サンプター・アンド・サンズを創業して、富を成した。祖母のエルビー・グレース・サンプター・ヴァヘンハイムは、住み込みの家庭教師がいるマンハッタンのマンションで育ったのだ。休暇には両親や姉妹とヨーロッパに出かけ、夏はアディロンダック山地の湖畔にある別荘で過ごし、アベナキ族のガイドに連れられたサンプター姉妹は、釣りやカヌー、山登りを楽しんだのである。しかし、祖母が一〇代半ばを迎えるころには、M・サンプター・アンド・サンズの収益は悪化を始め、一家の富のほとんどが失われてしまったのだ（M・サンプター・アンド・サンズの歴史には学ぶべきことが多い。一八五三年にミシンが発明されるまで、家族が着る服は、家庭の主婦や地元の裁縫師がその服を着る個々人に合わせて、手縫いで作っていたのだ。ミシンが開発されると、服を作るコストは大幅に削減される。その開発によって、手縫いでオーダーメードの服を作ることよりも、注文を見込んで大量の服を生産するほうが経済合理的となったのだ。それは、たとえサイズやデザインなどの理由で需要が足らず、大量に生産した服の一部を値下げしたり、時には処分したりしなければならなかったとしても、だ。一八六〇年、マイケル・サンプターはこの機をとらえ、「既製服」の会社を設立する。M・サンプター・アンド・サンズは、創業後しばらくは繁栄を極める。パイオニアとはいち早く経験を積み重ね、評判を獲得することで、新たな競合よりも優位な立場を獲得していくものである。しかし、二〇世紀を迎えるころには、洋服製造はもはやコモディティ化し始め、競争は激化し、収益力は低下していった。そして、M・サンプター・アンド・サンズは不振にあえいだのである。製品や製造方法がコモディティ化することは普通のことである。あらゆる製品がやがてはトースターとなるのだ）。

一九〇六年、エルビー・サンプターは、当時、投資銀行スパイヤー・アンド・カンパニーで成功を収めていたエドガー・ヴァヘンハイムと結婚する。それゆえ、わが父エドガー・ジュニアも経済的に恵まれた環境で育つこととなる。しかし、大恐慌がヴァヘンハイム家の運命を変えてしまう。祖父は、スパイヤー・アンド・カンパニーの共同経営者だったのだ。一九三〇年代半ばまでに、赤字に転落し、祖父は損失を食い止めるために引退することになる。スパイヤーが赤字に転落したのは一九三〇年代初期であったし、祖父は比較的早く引退したので、当時の水準からすれば裕福であったが、今日の感覚に照らすともはや裕福ではなかった。

母方の曽祖父サミュエル・「ボス」・デイビスはタバコ会社を設立した。彼の死亡記事によると、彼の会社は一九〇〇年代初頭には「全米で最も有名で、最も繁栄したタバコ製造会社」であったのだ。糖尿病を患ったボスは、サミュエル・I・デイビス・アンド・カンパニーをアメリカン・タバコ・カンパニーに一〇〇万ドルで売却する。当時にすれば巨額だ。一九一八年にボスが他界すると（一九二〇年代にインシュリンが開発されるまでは、糖尿病は致死の病だったのだ）、曽祖母のエリザベス・「ビギー」・アボーボット・デイビスは一〇〇万ドルとその他多くの資産を相続する。ビギーはその富の多くを、モーゲージ債や債券に投資し、その後の三六年間、ニューヨーク市のセントラルパークを臨む大きなアパートメントの維持をはじめ、贅沢な暮らしに富を費やしていく。私がまだ幼いころ、このアパートに頻繁に遊びに行った。広い玄関ホールには大きな観葉植物がたくさん置かれ、次の部屋まであふれていたのを今でも思い出す。家政婦の一人は、植物の世話で一日の大半を過ごしていたくらいだ。ビギーのきらびやかな生活は、子孫たちの富にとっては不幸でしかなかった。一九五四年にビギーが亡くなると、相続税で遺産はかなり減少し、残りは三人の娘たちに分割された。その三分の一を受け取ったのが私の祖母レオノラ・「レニー」・デイビス・ルイスである。レニーの夫は、不幸にも幼いころから多発性硬化症を患い、働くことができなかった。レニーには過不足なく暮らし、私の母を私立校に通わせるだけの収入はあったけれども、デイビス家の富はお粗末な債券投資と贅沢な暮らし、高い税金と病とであらかた失われてしまったのだ。

一九四〇年代から五〇年代、私が育ったころには、両親の収入は父の平凡な給料と、家族の信託財産から上がるわずかな配当と利息だけであった。両親には、ニューヨーク州ニューロシェルの環境の良い地区で生活するだけの余裕はあったけれども、贅沢などできず、私も家計が厳しいことは承知していた。豊かさとはかけ離れていたのである。一族がかつて相当な富を持っていたことも、それを失ったことも私は承知していた。それを知っていたことが、私をして経済的に成功すべく生涯、懸命に働かせたと考えている。では、もし執事にかしずかれながら高級マンションで育っていたら、これほど懸命に働いただろうか。おそらくは違ったであろう。かつて裕福であった家族たちを見て、私はそう思うのだ。

私はここで、価値というものについて一段落付け加えたいと思う。私の両親も、祖父母も、道徳と倫理とを教える宗教的な組織であるエシカル・カルチャー・ソサイエティが教える倫理と価値とを信奉していた。母は幼稚園のころから高校三年生になるまで、エシカル・カルチャー・フィールズトン教育プログラムに参加していた。特定の価値観が、両親や祖父母、さらにはわれわれ兄弟の人格や行動に染みついていた。お金とは、何かを達成する機会として使われるべきものであり、虚飾のために使われるべきではない、とわれわれは教えられてきたのだ。人は他者の幸福に心を配るべきであり、己の贅沢にときを費やすべきではないとも教えられてきた。私はこういった価値観を持っているので、昨今、投資家として大成功を収めたニューリッチと呼ばれる人々の顕示欲丸出しの消費行動を見ていると、頭が痛くなる。言葉もない。

三．教育

私は幸運にも、厳格な学校と要求水準の高い会社とで、知的訓練を長きにわたり経験することができた。ＭＩＴ（マサチューセッツ工科大学）の学部生として二年間を過ごしたあと、学界でのキャリアを追い求めないことに決めた私は、ウィリアムズカレッジに籍を移した。ウィリアムズカレッジを卒業すると、ハーバード・ビジネス・スクールの勧めで、

ＩＢＭに職を得ることになる。そこでは、巨大コンピューターシステムの販売と導入を行うために、会計とビジネスとを短期間に習得することを迫られた。私はその後、ハーバード・ビジネス・スクールに通い、週六日、日にケーススタディを三件という生活を二年間にわたって経験した。ハーバードを卒業すると、ゴールドマン・サックスで証券アナリストとして長いこと（長すぎた）働いた。ゴールドマン・サックスで三年間過ごしたあと、妻の一族が所有するＣＮ－Ｇ（セントラル・ナショナル・ゴッテスマン・コーポレーション）に移籍した。ＣＮ－Ｇは、紙パルプ全般を取り扱う世界的な商社である。一九二〇年代、ＣＮ－Ｇは余剰資金の一部を株式市場に投じるようになり、一九五〇年代には、アーサー・ロス率いる資産運用部門を設立する。とても古いタイプでマナーにうるさく、ミスター・ロスと呼ばれることを好んだ彼は投資家としても大成功しており、上司としても大変に厳しい人であった。ＣＮ－Ｇに入社してすぐに、ミスター・ロスは私をオフィスに呼んで、次のようにおっしゃった。「エド、君はデスクに座って学ぶことはない。君は企業の役員にならなければならない。企業の役員にならなければならないのだ（ミスター・ロスは要点を強調したいときは、必ず二回、時には三回同じことを繰り返す）」。さて、私は三〇歳程度だし、角刈りにしていたので二一歳くらいに見えたであろう。そのような経験の乏しい三〇歳の人間を役員にしたがる会社などありはしないだろう。グルーチョ・マルクスはかつて、「僕を会員にしたがるようなクラブのメンバーにはなりたくない」と言ったが、私も自分を役員として迎えたがるような企業の取締役にはなりたくない、という立場を取るべきだったのだ。

散々おだてられた揚げ句、私は三つの企業の取締役となる。いずれも、規模は小さく、脆弱な企業であった。そして、いずれもが重大な問題を抱えていたのだ。ひとつは、オレゴン州ポートランドでスーパーマーケットをチェーン展開する小さな上場企業であった。最初の取締役会で、私は会長やほかの取締役から温かい歓迎を受けることになる。そして、会議が始まるとすぐに、私はひとつの結論に至った。この会社の業績見通しはひどいもので、社内の会計統制などなきに等しく、それゆえ取締役は四半期ごとではなく、毎月会議を持たなければならない。私には毎月会議に参加するためオレゴン州まで飛んでくる時間などなく、さっさと取締役を辞任すべきだ、と。そして実際に辞任することにした。驚くべきか、私がこの会社の取締役であったのは、総計一時間と四八分である。グルーチョ・マルクスは正しかったのであろう。

その後、精錬大手の役員になったが、二年で辞任している。これは、精錬所から出る有害な鉛ダストを除去するための装置の導入を経営陣が延々と遅らせていたからで、エシカルカルチャーの教育を受けた私には耐えられなかったのである。

最後に、ガラスメーカーのアメリカン・セント・ゴバンの役員となった。この会社は、新しい板ガラス工場を建設したばかりだった。しかし、この工場も、イギリスのピルキントン社がフロートガラスという新しく、より効率的なガラス製造方法を開発したことであっという間に廃れてしまう。アメリカン・セント・ゴバンの新板ガラス工場は、アメリカの製造業者がやっと水車から蒸気機関に乗り換えていた当時としてみれば、画期的なものだったのだが、アメリカン・セント・ゴバンは倒産を避けることを第一としながらも、新工場をピルキントンの技術を用いたものへと転換せざるを得なくなってしまった。

三〇歳でこれら三つの限界企業の役員となったのは、まさに厳しい試練であった。しかし、ミスター・ロスは正しかった。限界または限界以下の上場企業の役員となったことは、価値ある訓練であり、私が投資家として成長することに大いに役立ったと言える。ミスター・ロスには感謝しなければならない。

一九七九年にアーサー・ロスが引退すると、私はCN－Gの資産運用部門を引き継ぎ、義理の兄弟が経営する親会社の役員にも就任した。八年後、義理の兄弟と私は、紙製造と投資とはまったく異なる事業であり、分社化したほうがよかろうという結論に至る。そして、私が投資事業の所有者となり、企業名もグリーンへイブン・アソシエイツへと変更したのだ。その後の三年間、ゴッテスマン家とヴァへンハイム家の資金だけを運用していたが、最終的には、一族以外の資金や非営利団体の資金も運用することとなった。

四．分析力

生まれてこのかた、話をするのは苦手であるが、複雑な数学や科学、論理問題については生来の才能に恵まれていたようだ。この能力はＤＮＡによるものであろうし、また厳格な教育を長年にわたり受けてきたことが幸いしていると思う。

しかし、科学については、われながら恥ずかしい過去がある。高校生のとき、私はウェスティングハウス・サイエンス・タレント・サーチに参加しないかと誘われたのだ。参加者は試験を受け、その後、独自の研究を行うことが求められる。一七歳でニューロシェル高校のホッケーチームの代表選手に選ばれた私には科学者ではなく、ＮＨＬ（北米アイスホッケーリーグ）のスター選手になるという子供じみた非現実的な野望があったのだ。池が十分に凍っている時期は、午後になると毎日のようにシニーホッケーをしに池まで車を走らせた。授業をサボっていたことは言うまでもない。私はホッケー選手であって、新進の科学者などではなかったのだ。午後の間、屋内の研究室にこもり、バカげた研究に取り組む時間も興味もなかった。ウェスティングハウスの優先順位はほぼ最下位だったのだ。しかし、両立させる良い方法を思いついた。オゾンの吸入が運動選手のパフォーマンスを向上させる、という命題を取り上げたのである。私と兄弟は、ライオネル社の電動鉄道模型の変圧器を持っていた。変圧器の二つある端子の一つについているワイヤーともう一つの端子とを混線させると、火花が出る。空気中の酸素の一部は火花によってオゾンに変換するとどこかで読んでいたのだ。そこで、学校の化学室から、一〇本の試験管とコルクを借り出した。ある日、大急ぎで下校すると、試験管のなかで変圧器のワイヤーを混線させ、ワイヤーを引き抜くとすぐにコルクで栓をした。そして、スケート靴とストップウオッチをつかむ。ラーチモント貯水池に着くと、スケート靴をはき、スティックを二本、一八〇メートルほど離して、氷上に並べた。一人の友人（頼りになる研究助手である）にストップウオッチを渡し、私が「ゴー」と言ったらストップウオッチを動かし、「ストップ」と言ったら止めるよう指示をする。そして、二本の試験管のコルクを抜き、それぞれ試験管の口を鼻孔に持っていく。この友だち以外、だれもそれを見ていなかったのが幸運であった。さもなければ、捕まっていたかもしれない。私は二本の試験管からオゾンを吸引し、スタートラインのスティックまで滑っていく。そして「ゴー」という掛け声とともに、全速力でゴールのスティックまで滑り、到着するや「ストップ」。私はこれをあと四回繰り返した。その後、十分に休憩を取り、今度はオゾンの効果がない状態で二本のスティックの間を五回滑った。これが私の制御データである。さて、御開帳。オゾンを吸引した私は、その後の五回よりも速く滑れたのだ。オゾンがパフォーマンスを向上させることに疑う余地はない（他人がどう考えるかは知ったことではない）ことを私は証明したのである。幻想が頭をよぎった。ウェスティングハウスで一等を獲得できるのではなかろうか。私は史上最年少のノーベル化学賞受賞者になれるのではなかろうか。ニューヨーク・タイムズのヘッドラインも目に浮かんだ。「ニューヨーク・レンジャースの大物ルーキー、エドガー・ヴァヘンハイムⅢ世一七歳は、オゾンの使用でアスリートのパフォーマンスを向上させるという画期的な研究によって、一九五五年のノーベル化学賞も受賞しました」

さて、記すまでもないことだが、私の研究は、ウェスティングハウス・サイエンス・タレント・サーチの長い歴史のなかでも最低のものであったし、化学の先生はウェスティングハウスに提出する前に却下したのだ。「ヴァヘンハイム君、後半五回のスケートが遅かったのは、疲れてきたからではないのかね」と先生は批評する。先生は続けて、「ヴァヘンハイム君、変圧器から放出された電気だけで酸素をオゾンに変換できるのかね。雷なら可能かもしれないけどね。ライオネルのおもちゃの変圧器では無理だ。ヴァヘンハイム君、科学の実験よりも、ホッケーを一生懸命やったほうが良いようだね」。さらに現実に引き戻された。私はウェスティングハウスで何の賞も獲得できなかったばかりか、一九五五年のウエストチェスター郡の高校オールスターホッケーチームにも選抜されなかったのだ。ノーベル賞については言うまでもない。ＮＨＬでプレーすることについても、である。夢は現実の前に敗れたのだ。しかし、大きな夢もなく、また情熱もなく青年期を過ごすよりも、未来の栄光という夢に思い悩むことのほうが、若者にとってははるかに良いことである。

五．自信

私は数学と科学（ウェスティングハウスでの愚行は別にして）が得意であり、成績も態度もずっと良かったので、自身の分析能力には自信を高めていった。この自信はハーバード・ビジネス・スクールの一年次終了時に、ベーカー・スカラーに選ばれたことで、一層強いものとなった。一年次のベーカー・スカラーというのは、成績の平均点がクラスで上位二％に入る学生に贈られるものである。

株式のポートフォリオを運用するようになるまでには、投資家として成功するための能力は備えていると自信を持っていた。重要なことは、この自信があったからこそ、私はコントラリアンでいることができたし、一般の考えとは異なる決断を下すことができたのである。

しかし、投資で成功すると過信を抱くようになり、結果としてリスクを非現実的なまでに過小評価しがちだ。幸運にも私は、人生で数えきれないほどの間違いを犯してきたし、自分を過信する危険性はほとんどなかったと言えるだろう。良き投資家とは、自信と謙虚さとを適度なバランスで持ち合わせる必要があると私は考えている。

六．現実的な目標と大志

ローマの哲学者で政治家でもあったルキウス・アンナエウス・セネカはかつて次のよう

に述べている。「どの港へ向かうのかを知らぬ者にとっては、いかなる風も順風たりえない」。投資家は、賢明かつ現実的な目標を定めるべきであると私は考える。私の目標は、資本を永久喪失するリスクを抑えながら、長期にわたり年利一五～二〇％の平均リターンを獲得することである。

ここで、「長期」という言葉を強調したいと思う。ほとんどのヘッジファンドや投資信託、その他投資家たちは、短期間で優れた結果を残してクライアントたちを喜ばせなければならない、というプレッシャーにさらされている。それらの投資家の多くが、短期的な値上がりが不確かな株式を避けよう（時には売ろう）とする。たとえ、長期的には優れた投資となることが明白であったとしても、だ。われわれは短期的な結果には興味がない。それゆえ、短期的な上昇の見込みが薄く、不人気ではあるが、長期的には面白い株式のユニバースをじっくり調査し、買いに入ることができるのだ。これこそが、われわれの競争力の源泉である。

ボラティリティを比較的低くすることは目標ではないことを記しておく。しかし、私は堅実なバランスシート（貸借対照表）を持った優良企業の割安株を買おうとするので、長い目で見れば、われわれのポートフォリオは株式市場よりもボラティリティは低くなる。ただ、ボラティリティが低いことは結果であって、目的ではないのだ。

七．感情をコントロールする

とりわけ、保有する株式の一部、または全部が急落しているときこそ、感情をコントロールしなければならないことを長年にわたって学んできた。これは、経験（下げ相場を何度も経験しているので、慣れているのだ）と私のＤＮＡに負うところが大きいように思う。ただ、私は、厳しいときこそ、比較的平静を保ち、合理的に考え行動できるようなのだ。

八．喜び

私は企業を調査することを楽しんでいる。創造的なアイデアを生み出すスリルを楽しんでいる。そして、お金を稼ぐことを楽しんでいるのだ。毎朝オフィスに行くのが楽しい。これこそが、投資家として成功した理由だと私は確信している。

＊　＊　＊　＊　＊　＊　＊

私の投資家としてのキャリアを理解してもらう一助に、経歴を次に記しておく。

一九三七年　ニューヨーク市生まれ
一九五五年　高校を卒業し、ＭＩＴに入学
一九五七年　ウィリアムズカレッジに転校
一九五九年　ウィリアムズカレッジを卒業、ＩＢＭに勤務する
一九六二年　スー・アン・ウォーラックと結婚。一年後に四人兄妹の一人目が誕生する
一九六四年　ハーバード・ビジネス・スクールに入学
一九六六年　ハーバード・ビジネス・スクールを卒業、ゴールドマン・サックスに勤務
一九六九年　セントラル・ナショナル・ゴッテスマンに転職。同社は妻の家族（妻の母がゴッテスマン家である）が所有する製紙および資産運用会社である。
一九七九年　ＣＮ－Ｇの最高投資責任者に就任
一九八七年　ＣＮ－Ｇの資産運用部門を分社化し、グリーンヘイブン・アソシエイツを設

立。私が所有者となる。グリーンヘイブンは、私の家族、妻の家族、そして少数の外部顧客の株式ポートフォリオを運用している。

第3章 IBM

一九一四年、ナショナル・キャッシュ・レジスター・カンパニーの花形営業マンであったトーマス・ワトソンは、CTR（ザ・コンピューティング・タビュレーティング・レコーディング・カンパニー）に迎えられ、後に社長となる。その三年前に設立されたCTRは、タイムカードの穴の位置を「読み取り」、穴の位置に基づいて賃金計算や表作成ができる電子機器の製造を行っていた。その当初は、鉛筆で行っていた会計作業を機械で置き換えようというものであった。ワトソンは超人的な営業マンであり、またリーダーでもあったので、CTRはあっという間に企業の会計機の分野で世界的なリーダーとなる。一九二四年、無限の知恵を持つワトソンは、社名をコンピューティング・タビュレーティング・レコーディングから、インターナショナル・ビジネス・マシン（IBM）へと変更する。

ＩＢＭのタイムレコーダーは大成功を収め、一九四〇年代までにはＩＢＭは事務機器の分野で世界的な独占企業となっていた。その事業はフルサービス契約の下、タイムカード機をリースするというもので、機器の販売だけでなく、メンテナンスや技術指導も行っていた。できるかぎり長い期間リースに出すことがＩＢＭにとっては大きな利益となる。リースに出した当初も十分な収益を獲得できることに加え、減価償却の済んだ機器をリースに出し続けることができれば、それだけＩＢＭの利益は大きくなるのだ。

それゆえ、ＩＢＭには、リースに出している既存の機器を時代遅れにするような新しい、より効率的な機器の導入を遅らせるインセンティブがあったと言える。

何十年にもわたり、多くの発明家が、少なくともある程度のプログラム制御ができる電子機器を作り出していた。コンピューターと呼ばれるものである。ＩＢＭの最初のコンピューターは、一九四四年八月七日、ハーバード大学に導入され、アメリカ海軍艦船局によって利用された。ＩＢＭはコンピューターをオートマティック・シーケンス・コントロールド・カルキュレーターと呼んでいた。しかし、ハーバード大学は賢くも、シンプルにマークワンと呼ぶことにした。その後の七年間、ＩＢＭには市場向けのプログラム制御可能な機器を導入するインセンティブはほとんど働かなかったようだ。結局のところ、高い収益力を誇るタイムカード機を時代遅れにしたくなかったようだ。しかし、一九五一年にレミングトン・ランド・コーポレーションがUNIVACコンピューターの一号機を発売すると、IBMは事業の先行きに不安を覚えるようになる。IBMは、商業用コンピューターの製品群を投入しなければ、やがてはタイムカードもUNIVACや他社が製造したコンピューターに取って代わられることを知っていたのだ。

一九五二年、IBMが701真空管コンピューターを発表したことで、開発競争の火ぶたが切って落とされた。しかし、まるで競争にはならなかった。ナマケモノに立ち向かうチーターのようなものである。IBMは、調査、開発、マーケティング、アプリケーションのノウハウなど圧倒的な優位性を享受していた。さらに、コンピューターの利用者はIBMこそは安全だと感じていたのである。コンピューターは新しく、複雑なものであって、導入する企業は技術的なことや、アプリケーションの利用法をメーカーに頼りきりだったのである。企業幹部にしてみれば、IBMのシステムを選択し、導入したことで問題が発生しても、その責めをIBMに負わせることができた。しかし、もしIBM以外のコンピューターを導入し、問題でも起ころうものなら、その幹部は第二、第三のコンピューター企業を選択したことを上司から責められ、彼の出世に響くことになってしまうのだ。それゆえ、大半の企業幹部は安全策を取って、ＩＢＭを選択し続けたのである。ＵＮＩＶＡＣ、ＧＥ、ＲＣＡ、ハネウェル、そしてバロースは、より費用対効果の高いコンピューターを提供することができたけれども、注文のほとんどを獲得したのはＩＢＭであった。一九六四年、ＩＢＭが技術的に進歩した互換性のあるコンピューター、Ｓｙｓｔｅｍ／３６０シリーズを発売すると、それは顕著となった。３６０シリーズは、効率的で信頼性があり、利用者に便利で、そして何よりもＩＢＭの名を冠しているのだ。ＩＢＭは勝者となったのである。

Ｓｙｓｔｅｍ／３６０のおかげで、ＩＢＭは史上最も成功した企業のひとつとなる。一九六四年から一九七四年にかけて、同社の収益は三二億三〇〇〇万ドルから一二六億七〇〇〇万ドルへと、平均すると年率一四・六％も増大したのである。純利益に至っては、三億六四〇〇万ドルから一八億三〇〇〇万ドルへと、一七・五％も増大した。この期間のＩＢＭの市場シェアは、実に八〇％にも到達しようとしていた。競合他社は戦いようもなく、撤退していくものもあった。一九七〇年、ＧＥはコンピューター部門をハネウェルに売却。一年後、同じくＲＣＡがスペリー・ランドに売却している。

ＩＢＭの、後の終焉の種がまかれたのが一九七二年、インテルが最初のマイクロプロセッサーである４００４を発表したときである。マイクロプロセッサーは、コンピューターの複雑な内部構造をたった一つ、またはいくつかの集積回路に組み込んだものである。初期のマイクロプロセッサーは非力にすぎず、ＩＢＭのＳｙｓｔｅｍ／３６０シリーズやほかのメーンフレームコンピューターには太刀打ちできなかった。しかし、インテルの共同創業者であるゴードン・ムーアが、「一つのチップに組み込まれるトランジスタの数は、二四カ月ごとに倍増する」と予言したのは有名である。そしてゴードン・ムーアの予言は現実となる。一九七〇年代後半までに、マイクロプロセッサーの性能は十分に発達し、比較的安価なデスクトップコンピューターが高価なメーンフレームコンピューターを追い落とし始めたのである。一九七七年には、アップルが最初のデスクトップ（パーソナル）コンピューターのＡｐｐｌｅⅡを発表する。このＡｐｐｌｅⅡは大成功を収めた。最終的に、一二五万台を販売する。この成功にＩＢＭは気づいた。マイクロプロセッサーの技術は急速に進歩しており、自社の主たる収益源であったメーンフレームコンピューターの事業は時代遅れになる、と。ＩＢＭは対応を迫られることになる。

一九八一年、ＩＢＭは不人気であった５２００デスクトップコンピューターに代え、ＩＢＭパーソナルコンピューターを発表した。ＩＢＭのパーソナルコンピューターは、ＩＢ

Mという名前にも後押しされ、ヒット商品となり、一九八〇年代初頭の同社の業績を支えることになる。

一九八〇年代、同社の業績を後押しする出来事がほかにも起こる。一九八〇年、ジョン・オペルが同社のCEO（最高経営責任者）に就任する（トム・ワトソンは一九五六年に引退、息子のトム・ワトソン・ジュニアは心臓発作の影響で一九七一年に引退していた）。ジョン・オペルが懸念していたのは、顧客はリースしたコンピューターを三〇日以内であれば返却できるという、IBMの方針であった。進歩したマイクロプロセッサーの技術を用いた競合他社は、IBMのメーンフレームよりも大幅に費用対効果の高いコンピューターを売り込み始めているというのが、彼の最大の懸念であった。IBMのメーンフレームを利用する顧客たちはやがてリース契約を破棄し、IBMは収益の悪化とともに、比較的新しくも、技術的には劣ったコンピューターの在庫を抱えることになるだろう、と。この懸念に対処するため、オペルはIBMの価格政策を一新し、使用済みのメーンフレームを大幅に値下げして販売することとした。これによって、顧客はリースしているメーンフレームの購入に走ることになる。そして、IBMは、リースが継続すれば獲得できたであろう将来の収益を、前倒しして獲得（使用済みコンピューターの販売によって）したことになる。それゆえ、顧客がリースを買い取りに切り替えているかぎりは、ＩＢＭは人為的に膨らませた収益を獲得することができたのだ。そして、切り替えが一段落し始めると、ＩＢＭは新たなリース契約の内容を変更し、フルペイアウトリースで処理できるようにした。フルペイアウトリースであれば、コンピューターを顧客に納入した時点で、将来の収益のほとんどを一括して計上することができる。それまでの契約では、収益はリース期間にわたって計上されていたのだ。

パーソナルコンピューターの発売、リースの販売への転換、リースに関する新しい会計処理の導入によって、一九八〇年から一九八五年にかけてＩＢＭの業績は上昇した。この五年間で、収益は二六二億一〇〇〇万ドルから五〇〇億五〇〇〇万ドルへと年率平均一三・八％上昇、純利益は三三億九〇〇〇万ドルから六五億五〇〇〇万ドルへと同じく一四・一％上昇した。ＩＢＭの株主は大きく報いられることになる。ＩＢＭの株価は株式分割後で、一九七九年末の一六・〇九ドルから一九八五年末には三八・八八ドルへと上昇したのだ。

しかし、すべてが順調であったわけではない。そうではなかったのだ。ＩＢＭはパーソナルコンピューターの製品を開発するにあたり、インテルのチップ技術とマイクロソフトのＭＳ－ＤＯＳを採用していた。そうするのが好都合だったからである。しかし、ほかのパーソナルコンピューター会社も同様に、インテルのチップとマイクロソフトのオペレーションを利用することができたので、ＩＢＭは製品の差別化を図ることが難しく、パーソナルコンピューターはあっという間にコモディティ化し、価格競争に突入することになる。長い目でみれば、ＩＢＭよりも低い費用構造を持つデルやコンパックやほかのＰＣメーカーはＩＢＭを打ち負かすことができるのである。

ＩＢＭはさらなる問題にも直面する。コンピューターの性能は急速に向上し、価格も低下する。ムーアの法則が働いたのだ。一九八〇年代半ばまでに、パーソナルコンピューターはメーンフレームが行っていた多くの機能を持ち得るようになった。さらに、デジタル・エクイップメント社のＶＡＸミニコンピューターが、ＩＢＭのメーンフレームから市場シェアを奪い始めたのだ。さらに、一九六〇年代、企業はＩＢＭの技術力や評判に大きく頼っていたが、一九八〇年代も半ばになると、多くの企業が社内に十分な技術と経験とを蓄積し、もはやＩＢＭに頼る必要がなくなっていた。一九六〇年代、ＩＢＭは価格決定力を持っていたが、一九八〇年代半ばには、注文を獲得するためには競争力ある価格を設定せざるを得なくなってしまったのである。

ほかとの差別化が難しい商品を市場の相場で販売するにあたり、製造業者が競争力を持ち、また適度な利益を獲得しようと思うのであれば、彼らは低い費用構造を構築する必要がある。しかし、ＩＢＭの費用構造はその歴史が災いして、極めて高いものであったのだ。一九六〇年代、ＩＢＭはメーンフレームを販売・導入するために大量の営業マンと技術指導員を必要とした。また、二〇年後に製造されるコンピューターに比べれば品質に劣るメーンフレームの補修のために、大量の保全技術者を必要としたのである。一九八〇年代半ばまでに、ＩＢＭの営業部長、営業マン、アプリケーションのプログラマー、技術指導員、保全技術者の大半が余剰となっていたにもかかわらず、ＩＢＭは優秀かつ正直であるかぎり、レイオフはしないというポリシーを堅持したのだ。多くの余剰人員が企業本部へと「昇進」し、競争分析、販売予測、品質管理、不動産管理、庶務、インベスターリレーション、渉外ならびに経済予測といった必要性の乏しい、またはまったく必要性のない業務に従事していた。詰まるところ、コンピューター事業の技術革新によって収益力が圧迫されているときに、ＩＢＭの費用構造は膨張していたのである。

一九八〇年代後半、ＩＢＭの収益はある程度増大していたが、同社の当初予測をはるかに下回るものにすぎなかった。一九八四年、ジョン・オペルは一九九〇年にはＩＢＭの収益は一〇〇〇億ドルに達すると予測していたのだ。しかし、一九九〇年の収益は六九〇億ドルにすぎなかった。利益に至っては、収益よりも大幅に悪化した。一九九〇年の税引き後利益は六〇億二〇〇〇万ドルで、これは過去五年間の水準を八％も下回るものであった。IBMの株価はさらにひどいもので、一九八五年末から一九九〇年末にかけて、実に二七％も下落したのである。

一九八五年二月、ジョン・エイカーズがジョン・オペルのあとを継いでCEOに就任したとき、IBMの従業員は四〇万人を超えていたのだ。一九八五年、私はIBMの財務部長であるジョン・ローテンストライヒから、ニューヨーク州アーモンクにある本社での昼食に招かれた。ローテンストライヒは私の友人であり、かつてはソロモン・ブラザーズでマネジングディレクターを務めていたのだ。われわれは同社の中央食堂で昼食をとった。ローテンストライヒは食堂を見渡し、毎朝出勤はして来るが、重要な仕事はほとんどない従業員を次々に指さしていった。「向こうに座っている緑のネクタイの男が見えますか。彼は地域担当の販売部長を務めていたのです。今は渉外のスペシャリストですよ。彼はだいたい一〇時に出勤してきて、コーヒーを一杯飲みます。彼はアーモンク村が担当なので、地元の週刊誌を読んで、地元のニュース番組を見ることが彼にとっては重要なのです。彼は終日それに充てていますね。まあ、昼食の二時間と、あと三～四回のコーヒーブレイクは別ですが。ご理解いただけますか」。私にはすべてが理解できた。ローテンストライヒは、ジョン・エイカーズにＩＢＭの終身雇用政策を破棄し、人件費やその他のコストを大幅に引き下げてほしいのだ。

エイカーズは、ＩＢＭとその将来について検討する特別委員会を組織した。そこでの結論は不安なものであった。彼らは、ＩＢＭは衰退のさなかにあると結論づけたのだ。委員会の調査を見直したあと、エイカーズは一連の早期退職プログラムを推進し、早期退職を望む従業員には手厚い退職金を用意したのだ。すぐにほかの職が見つかる最も優秀な社員の多くがこの退職金を受け取った。つまり、ＩＢＭは多くの才能を失い、多くの無用な人々が会社に残ったのだ（逆淘汰が発生したのだ）。ＩＢＭの従業員数は、一九八五年末の四〇万五〇〇〇人から、一九九〇年末には三七万四〇〇〇人に減少したにすぎない。この間、ＩＢＭのファンダメンタルズは、従業員数の削減を上回る速度で悪化した。コンピューターの利用者は、数年前であれば数百万ドルもしたメーンフレームと同等の機能を持つワークステーションを一〇万ドル程度で取得することが可能となったのだ。一九九一年、ＩＢＭは巨額の営業損失を出した。エイカーズは行動しなければならなかった。そして、退職プログラムの規模を拡大したのである。ＩＢＭの従業員数は、一九九一年末の三四万四〇〇〇人から、一九九二年末には三〇万二〇〇〇〇人まで減少する。それでもＩＢＭの社員数は過大であり、モラルは低く、会社は資金を失い続けたのである。

一九八五年、ジョン・ローテンストライヒと昼食をともにしたあと、興味を持った私はＩＢＭ株について真剣に検討した。私の最初の分析結果は簡潔なものであった。ＩＢＭはもはや、高い収益率をもたらすような競争優位を持った成長企業ではない。それゆえ、高いＰＥＲ（株価収益率）はもはや正当化され得ない。しかし、社員数を大幅に減らし、不要となった工場やオフィスビルを売却してコスト競争力を手にすることができれば、適度な収益を稼ぎ出す巨大かつ強力な企業へと変貌を遂げるであろう。さらに、もはや新しい工場を建設するために巨額の資金を費消する必要はなく、将来の利益の多くが配当や自社株買いに充当され得るであろう。

私は、興味を持った企業を研究するとき、その企業の株式を少しだけ買うことがある。株式を保有することで、企業研究に熱が入るからである。ＩＢＭ株も一九八九年と一九九二年の二度にわたって数株買ったが、ＩＢＭの問題は同社が改善するよりも先に悪化すると確信したので、その都度売っている。二度目の売却は、ジョン・エイカーズと彼のオフィスで面会したあとである。伝説的投資家のマイケル・スタインハルトもＩＢＭ株を保有していた。スタインハルトも、私がＩＢＭ株を保有しているのを知っていたようで、エイカーズとの予定されていた面会に私も加わるよう誘ってきたのだ。私がこの誘いに「イエス」と答えるまでにかかった時間は一秒である。しかし、面会はめちゃくちゃだった。スタインハルトと私とでは、ＩＢＭに興味を持った理由がまったく異なるのだ。スタインハルトは、ＩＢＭを極めて収益力が高く、日本の子会社が急成長していると見ていたのだ。一九九一年、日本企業のＰＥＲはまだ高いままであった。スタインハルトは、日本の子会社を独立させて、株式を親会社の株主に持たせようとしていた。彼が言うには、日本の子会社だけでも、そのときのＩＢＭの時価総額の相当な部分に匹敵するであろうし、二つ（ＩＢＭジャパンと日本を除くＩＢＭ）の時価総額を組み合わせれば、ＩＢＭの現在のそれを大幅に上回ることになる、と。しかし、私にはＩＢＭを二つの企業に分けることは現実的ではないように思えた。代わりに私は、なぜＩＢＭはもっと積極的に費用を削減しないのかとエイカーズに質問した。スタインハルトが日本について質問する一方、私は費用について質問した。そして、スタインハルトは日本を分社化させることについて、また別の考えを持っており、私は最も優秀な人材にＩＢＭを去らせるのではなく、役立たずどもを一掃することを考えていた。一時間の間、話はまったく進まなかった。エイカーズはこれ以上ないほど丁寧に対応していたが、彼はより積極的に費用を削減するつもりはないことが私には見て取れたし、日本を分社化するつもりがないことはそれ以上にはっきりしていた。IBMは振るわない。エイカーズへの風当たりは強まり、一九九三年初頭、彼は辞任を発表する。あとを継いだのが、ルー・ガースナーである。ガースナーが着任したその日、IBMは記者会見を開いた。IBMの青シャツとは異なるいで立ちで登場したガースナーは、記者たちを前に、勇気をもって厳しい采配を振るうつもりだと述べた。それこそ、私が聞きたかった言葉である。私は、IBMに大きく投資することを真剣に検討することにした。

私の分析結果はおおよそ次のようなものである。IBMの余剰人員はおよそ六万人で、従業員の平均報酬（給料と手当て）はおよそ八万五〇〇〇ドルだ。それゆえ、ガースナーは五〇億ドルの費用を削減することができよう。実効税率を三二％とすると、費用削減によりおよそ三四億ドルの純利益増となり、IBMの発行済み株式が二二億九〇〇〇万株であるから、一株当たりおよそ一・五ドルとなる。特別損失を別にすれば、IBMはこの時点で収支トントンとなる。仮に費用を五〇億ドル削減したとして、IBMの収益力は一株当たり一・五ドルと見積もった。さらに、収益は五％の成長を示すとすると、一九九五年のIBMの収益力は一株当たり一・六五ドルになると見積もったのだ。われわれが株式を取得するときは、その会社が二年、または三年後にどのような価値を示すかに注目しているので、一・六五ドルというのは重要な数字である。

利益予測が適正かどうかを確認するために、私は通常二つの異なる方法論を用いて利益を予測し、二つの方法が同様の結論を示すかどうかを見ている。ＩＢＭの場合、私は次の思考プロセスも用いることにした。一九九三年の利益はおよそ六三〇億ドルと予想される。成長率を五％とすれば、一九九五年の利益はおよそ六九〇億ドルとなる。経験に基づき、競争のある環境で操業する効率的なコンピューター・メーカーの税引き後利益率は五～六％と見積もる。この方法によれば、ＩＢＭの一九九五年の税引き後の収益力は三五～四一億ドル、一株当たりにすると、一・五～一・八ドルとなる。

私は、一九九五年のＩＢＭの利益予測としては一・六五ドルが最適であると結論づけた。最後に、株式の価値を算出するために、一・六五ドルに倍数をかける。ＩＢＭの質と成長余力は平均以下であると考えていた。平均的な企業で利益の一五～一六倍であると考えているので、ＩＢＭは利益の一二～一三倍といったところであろう。さすると、一九九五年のＩＢＭ株は二〇～二一・一ドルということになる。ＩＢＭの利益や株価の予測は、不完全な情報に基づいたベストな推測にすぎないということは分かっている。しかし、予測を立てることは、何もしないことよりも良いわけだし、驚くほど高い確率でわれわれの利益ならびに株価の予測は最終的に達成されるのである。ただ、タイミングを大きく外すことがしばしばあるだけだ。

一九九三年五月、私が分析を終えたとき、ＩＢＭ株は一二ドルを付けていた。その後の二カ月で、私は平均コスト一一・五ドル程度で大量の株式を買った。われわれが株式を買うのは、一つまたはそれ以上の前向きな変化によって株価が急上昇することになると考えているからである。この場合、われわれはＩＢＭが費用を大幅に削減するための確たる計画を発表することを望んでいた。

七月二八日、ルー・ガースナーは年末までに従業員数を二二万五〇〇〇人程度まで削減する計画を発表する。およそ八万五〇〇〇人、全体の二五％以上が年末までに同社を去ることになる。この発表から数カ月、ルー・ガースナーと費用削減プログラムはウォール街で信頼を獲得し始める。一一月になると、ＩＢＭ株は値上がりを始めたのだ。一九九四年八月までに、株価はおよそ一五・五ドルとなる。そのころには、ガースナーの費用削減プログラムは成功するというのがウォール街での共通の見方であった。一九九四年、ＩＢＭは一株当たり一・二五ドル、翌年にはそれを大きく上回る利益を獲得するであろうことが明らかとなっていた。

前向きな変化を期待して株を買い、その変化が起こり、株価に十分織り込まれたら売るのが私の戦略である。ＩＢＭの場合、変化は起こり、投資家のセンチメントは相当肯定的なものとなった。われわれがおよそ一一・五ドルで株式を買ったときは、センチメントは圧倒的に否定的なものであった。センチメントに変化が見られたので、私はポジションを解消することを決め、その後の数カ月にわたり平均一六ドル超で株式を売却した。われわれは四〇％の収益を獲得したのだ。たしかに、私は一九九五年には二〇～二一ドルの価格を付けると予測していた。しかし、掌中の一羽は藪中の二羽に値するわけで、私は四〇％の利益を実現できたことを喜んでいる。

私の分析が不完全だったために、まもなく株式を売ったことが大きな間違いであることが判明した。一九九四年とその翌年、ＩＢＭは巨額の余剰資金を生み出した。企業買収に充てられたのはわずかであり、大部分は自社株買いに充当された。ＩＢＭの希薄化後株式総数は一九九五年に一・七％減少、一九九六年には八・五％、一九九七年には七・四％減少した。結果として、ＩＢＭの一株当たり利益は純利益よりも大幅に増大したのだ。私は自社株買いを考慮しなかった。また、税引き後の利益率を五～六％とした私の予測は保守的にすぎたのだ。一九九六年、ＩＢＭの税引き後利益率は七％で、その年は一株当たり二・五〇ドルの収益を上げる計算となる。

一九九五年末から一九九六年初頭にかけて、私は涙をこらえながら、平均コスト二四・五ドルでＩＢＭ株の大きなポジションを再構築した。自社株買いと利益率の向上とで、ウォール街の一般的な予測よりも高いＰＥＲを実現するだろうと私は考えたのだ。

一九九四年に一六ドル程度で株式を売却したのは大間違いであったが、一五カ月後に再び買ったのは大成功であった。ＩＢＭは一九九六年に一株二・五一ドル、一九九七年には同じく三・〇一ドルを稼ぎ出し、この利益増大を受けて株価は急上昇した。私は、一九九七年後半に平均株価四八ドル程度で売却した。私は再びタイミングを誤ったようだ。一九九九年半ばには、株価は六〇ドルを超えたのだ。

なすべきことをなし、巨額の資本を永久喪失しなければ、株式市場でうまくやっていけることを私は長い時間をかけて学んだが、間違いを犯さないということは不可能だ。人間は過ちを犯すものであり、私は数えきれないほどの間違いを犯している。ＩＢＭ株を一九九三年に一六ドルで売却するという私の判断は高い代償を伴う間違いであった。ただ、私は間違いに思い悩まないよう心掛けている。思い詰めていたら、投資のプロセスは面白くなくなるし、ストレスも多くなる。投資家はリラックスして、楽しんでいるときこそ、最良の仕事を成せる、というのが私の持論である。

私は、株を手放したあともＩＢＭを観察していた。ＩＢＭは成長するためにもがいていた。一九九八年から二〇一三年の一五年間で、ＩＢＭの利益は八一七億ドルから九九八億ドルへと、たった一・三％の年複利成長率（ＣＡＧＲ）を示したにすぎない。かつては世界で最も尊敬される成長企業のひとつであったＩＢＭは、いまや成熟し、コモディティ化した製品やサービスを提供する低成長企業となってしまったのである。

バークシャー・ハサウェイの一九九八年の年次報告書でウォーレン・バフェットは、バークシャーが優れた企業の株式を保有するとき、「われわれは永遠に保有することを良しとする」と記している。私は心からウォーレン・バフェットを尊敬している。彼は史上最高の投資家の一人であろう。しかし、優れた企業の株式を永遠に保有し続けるということにはまったく同意しかねる。なぜなら、最も優れた企業は時間の経過とともに色褪せ、窮地に陥るものが多いからである。ＩＢＭは、ほとんどの株式が永遠には保有し得ないことを示す一例であろう。コダックもそうであろう。バークシャー・ハサウェイが大きなポジションを持つコカ・コーラもそうだ。二〇〇三年から二〇一三年の一〇年間で、コカ・コーラの利益ならびにＥＰＳ（一株当たり利益）は年複利成長率でそれぞれ八・三％、七・一％増大し、株価の年複利成長率はたったの四・九％しか上昇しなかった。コカ・コーラはかつて、急成長を遂げた企業である。最近になって、市場が成熟してしまったようだ。グリーンへイブンは年利一五～二〇％を獲得しようと努力している。年に七～八％しか成長しない企業の株式を継続的に保有していては、一五％近いリターンを獲得するのはほぼ不可能だ。売却する必要のない優れた企業でポートフォリオのすべてを構築できるとしたら、私の仕事もより簡単で、もっとリラックスしたものとなるだろう。しかし、われわれには高い目標があるので、一時的に大幅に割安となっている株式を探し、本来の価値が十分に反映されたら株式を売却しているのだ。これは投資アプローチとしては、けっしてリラックスできず、また相当な労力と時間とを要するものであるが、われわれはこの方法で成功してきたのだ。

それゆえ、バリュー投資家として成功するためには、長い時間がかかると言える。研究すべき企業と読むべき刊行物は常に存在するのだ。私は、時間をどのように使っているのかと聞かれることがある。運用者は実際に何をしているのか。ほかの投資家たちが私とは異なる時間の過ごし方をしていることは承知しているが、参考までに私が仕事日をどのように過ごしているかを次に記そう。これはあくまで代表的な例であって、常にそうだというわけではない。私はだいたい五時には起床し、ひげを剃り、運動、シャワーを済ませて着替えると、ブルームバーグの置いてある自宅オフィスに向かう。この日の朝は、ビジネス一般と世界のニュースをブルームバーグで探すのが最初の仕事であった。その後、前日の夜に取り組んだフェデックスの予想利益モデルを見直す。このモデルを仕上げたのが夜の九時三〇分ごろであり、疲れてしまったので、一晩ぐっすり眠って、改めてモデルを見てみようと決めていたのだ。仮定や見積もりの一部を再考したあと、モデルにちょっとした変更を加え、プリントアウトする。そして、このモデルを説明し、株式の価値に対する私の結論をまとめた一ページもののメモを作成する。メモの校正を済ませ、かばんに詰めると、ボールいっぱいのシリアルをさっと平らげ、ニューヨーク州パーチェスにあるグリーンヘイブンのオフィスに向かう。ライにある自宅からは一五分の距離だ。

ちょうど七時過ぎにパーチェスのオフィスに到着すると、フェデックスに関するメモとモデルのコピーをアシスタントに渡し、グリーンヘイブンの三人の証券アナリスト（わが息子のクリスとジョッシュ・サンドブールトと私）と社内のトレーダーに配布する。仲間たちには私の考えをすべて伝えておきたいと考えている。コピーの一部は手元のファイルにとじる。将来この会社について検討するときはいつでも手に取れるようにするためだ。

そのとき、わが社のトレーダーであるエリーが私のデスクに置いておいてくれた、たくさんのプレスリリースとセルサイドのリポートに気づく。エリーはたいてい六時三〇分ころにはオフィスに来ており、すぐにわれわれの興味を引きそうなニュースやウォール街のリポートを調べてくれるのだ。彼は、ニュースやアナリストのリポートを、クリス、ジョッシュ、そして私に印刷して渡してくれる。私は、新しいニュースやアイデアを求めて印刷物を精査する。今日は何もない。まあ、めったにないのだが。しかし、ウォール街のアナリストの意見には興味をそそられた。それは投資判断に直接的に影響をもたらすからではなく、株式についての一般的な意見を集約しているからで、なぜ今の株価がついているかを理解する一助となるからである。

プレスリリースとアナリストのリポートに目を通したあとは、ブルームバーグの機能を使って、保有している株式や買う予定の株式に関する最新のニュースを確認する。それから（だいたい七時三〇分から四五分というところだ）、クリスとジョッシュと意見を交わす。話題は、今取り組んでいること、ニュースやアイデア、その日の提案されている売買や、アイデアについてのブレインストーミングなどさまざまだ。この朝のミーティングで、われわれはフェデックスについて長いこと議論した。ここ数四半期の間、同社の業績はわれわれの期待にそぐわないものであったが、最近になってファンダメンタルズが改善してきた。これは、フェデックスに関するわれわれの仮説が機能しはじめたということなのだろうか。ミーティングの終わりに、３Ｍ（スリー・エム）の新任ＣＦＯ（最高財務責任者）であるニック・ギャングスタッドから一一時に電話があることをクリスから伝えられる。私はクリスに、一〇時四五分に集まって、電話での質問事項を整理しようと伝える。

さて、八時半といったところだ。われわれが運用する一五〇ほどの口座の保有状況をパーセント表示した資料に目を通す。例を挙げれば、メアリー・ジョーンズの口座はこのような具合だ。現時点の口座の九・二％がフェデックス株、ＵＰＳが八・二％、ロウズが九・〇％など。グリーンへイブンが運用する口座に占めるフェデックス株の割合は少なくとも九・五％だと決定したが、いくつかの口座で九・五％をわずかに下回っていることに気づく。そこでトレーダーのエリーに連絡して、十分なキャッシュがあるのであれば、各口座のフェデックスの比率を九・五％まで増大させるよう伝える。エリーはコンピューターを使って、各口座で何株ほど買うべきかを確認する。われわれは可能なかぎり自動化させているのだ。若干のフェデックス株式の買い、これがその日の私の唯一の発注である。われわれは通常、株式を二～五年は保有するので、取引はかなり少なく、一株も売買しないという日もかなりある。

八時四五分になった。住宅市場の好転が期待されるので、そこから利を得る企業の株式をポートフォリオに加えたいと私は考えている。これまでに繰り返し、五〇億ドル以上の時価総額を持ち、割安に放置されている住宅関連銘柄を探してきたが、これというものがなかった。今日は、時価総額が三〇～五〇億ドルの住宅関連銘柄を調べてみるつもりだ。われわれの預かり資産は五四億ドルなので、通常は五〇億ドル以上の時価総額を持つ企業を対象としなければならないのだが、魅力的な銘柄がなかなか見つからず、できることは何でもやってみようと考えたのだ。ブルームバーグの機能を用いて、業界や規模についての私の基準を満たす企業を洗い出す。スクリーンに映し出された数十銘柄にザッと目を通し、検討に値しそうな五社のティッカーを書き留める。ブルームバーグをもう一度使って、そのうちの一社の10－K（Ｆｏｒｍ　10－Kはすべての上場会社が証券取引監視委員会に毎年提出する資料である。資料には、企業が行っている事業の詳細や財務諸表が掲載されている）を入手し、バランスシート（貸借対照表）の分析と、事業活動に関する記述を読み始める。時間が過ぎるのは速い。すでに一〇時一五分だ。住宅関連企業についての研究をやめ、3Mの資料を取り出す。新任CFOと会話をする前に、3Mに関するこれまでのメモを見直し、われわれの分析に役立つであろう、そしてCFOが答えるであろう質問のリストを注意深く準備しなければならない。企業経営者と何十年にもわたって会話をしてきたことで、私は質問の仕方、答え方についての技術を高めてきている。

一〇時四五分、クリスが私のオフィスに入ってきた。3MのCFOにぶつける質問について一〇分ほどを費やす。そして、電話が鳴るのを待っている間、フェデックスの発注がどのようになっているかエリーに確認する。われわれが買うのは五万四〇〇〇株で、発注は一〇時二〇分に完了、株価はわれわれの平均取得価格よりも一〇セント高い、とエリーは伝えてきた。すぐに電話が鳴る。ニック・ギャングスタッドCFO本人からであり、彼のアシスタントからではなかった。面白いことに、最高位にある企業幹部はどアシスタントの手を煩わさず、自分で電話応対をするものだが、低レベルの従業員ほど自分を大きく見せるためにアシスタントを使いたがるものだ。昇進のお祝いを述べたあと、子供のころから、CFOに昇進するまでの彼のバックグラウンドについていくつか質問をする。彼はアイオワ州にある一二八〇エーカーの農場で育ち、農場の手伝いをしながら厳しいしつけのもとに育ったのが伝わってきた。その後、四五分以上は3Mについて議論をした。私は、向こう二～三年で企業の価値を高めるためにもっとも重要となるであろう分野に集中する。世界の途上国での経済成長が鈍化すると、３Ｍの成長目標も引き下げられるのか、それとも目標を設定した段階で低成長は織り込み済みなのか質問する。そして、収益力が高く、急成長しているヘルスケア部門では三〇％以上の営業利益率を保持できるのか。外国通貨（特に、ユーロと円）がドルに対して下落したら、海外での値上げを予定しているのかどうか質問した。その後、自社株買い計画、年金費用の見通しについて議論する。もともと３Ｍは二〇一七年までに年金費用をゼロまで削減できると予測していたが、算出に用いられていた保険数理表はアメリカ人の平均寿命が延びたことを反映して修正されていることにクリスは気づいた。この修正によって、多くの企業で将来の年金費用は当初見込みよりも大幅に増大するのだ。

電話が終わったあと、クリスと私は聞き取ったことを見直した。お腹がすいたのでわれわれは昼食とすることにした。クリスとジョッシュ、私は近所のレストランをよく利用する。今日は、料理も美味しく、サービスも早い地元のカントリークラブにしよう。クリスと私は、ニック・ギャングスタッドとの電話の中身をジョッシュに詳しく伝え、その後は住宅市場の好転から間接的に利を得る業界や企業についてブレインストーミングをしながらランチタイムを過ごす。われわれは有意義なアイデアを思いつけずにいる。われわれはブレインストーミングをすると、新たな道を見いだすのであるが、われわれが求めているのは年にわずかな優れたアイデアである。継続案件とすることにした。

一時四五分にオフィスに戻る。私のアシスタントであるメアリーから、ニューヨーク公共図書館の最高投資責任者であるトッド・コービンから外出中に電話があったことを告げられる。私は、図書館の一一億ドルの基金に責任を持つ投資委員会の委員長を務めているが、コービンは図書館に常勤して、投資戦略の提言を行ったり、外部の資産運用者を選定、監督したりしている。前回の委員会で、私は理論的な質問をしていた。それは、株式市場が過剰なまでに上昇したとしたら、図書館はどうするべきか、というものだ。株式市場へのヘッジをするのか、図書館の口座が保有する株式の一部か全部を売却すべきなのか。株式市場が異常なまでに上昇するとは思わないが、今のうちに意見を出し合い、将来、株式市場が現在の水準から急上昇したときの準備をしておくことは有益であろうと考えたのだ。われわれにはどのような選択肢と戦略があるか、私はコービンやほかの委員への宿題としたのだ。ハーバード大学の元学長であるニール・ルーデンスタインも投資委員会のメンバーであり、ほかにはアマースト大学の元学長トニー・マルクスがいる。彼らに宿題を出したあと、私は含み笑いをしながら、こう告げた。「ご存知のとおり、ウィリアムズカレッジに通っているときは学長に畏敬の念を抱いていました。彼は神にも等しい存在でした。ハーバードの元学長とアマーストの元学長に宿題を出す日が来るとは夢にも思っておりませんでしたよ」

コービンとは一時間近く話をした。ポートフォリオを守るのは予想以上に難しいものである。個別口座で保有する株式はわずかであり、ほとんどは合同口座で保有されている。個別口座の運用会社には現金比率を高めるよう指示することはできるが、合同口座ではそれもできない。それに、合同口座の運用会社たちは優秀であり、そのほとんどが新たな口座開設を受けつけていないので、口座から資金を引き出したくない。一度口座から資金を引き揚げてしまうと、改めて株式へのイクスポージャーを高めたいと思ったときに、彼らに再び資金を預けることができなくなってしまうからだ。コービンは、S&P五〇〇指数のプットオプションを買うという選択肢も検討したのだが、オプションは法外なほど高いように思われた。S&P五〇〇指数を売ることも考えたようだが、そうすると、図書館は含み損に備えて現金を担保に入れなければならない。人生に容易なことなどほとんどない。今後もアイデアを探し続けるとコービンは言った。

コービンと一時間を費やしたことを私は気にもしていない。長年にわたって、私は非営利事業に膨大な時間を費やしてきている。役員や委員になることも有意義であるが、それ以上に委員会を主宰することは、責任を伴うものであり、より積極的に活動に関与するようになるので意義が大きいと思う。私は、五つの投資委員会、一つの執行委員会と二つの財務委員会、監査委員会が一つと美術学芸委員会（ニューヨーク近代美術館）、二つの資金調達運動と二つの財団理事会の会長を務めている。そのすべてで、私は与えるよりも多くのことを学んでいる。そして、それが投資家としての成長につながっているのだ。

コービンとの電話が終わった。二時四五分である。再び、小規模な住宅関連企業五社の分析に取りかかる。一社目は除外だ。差別化のできない製品を高いコストで生産しているように思われたのだ。二社目、三社目も除外。二社ともバランスシートやキャッシュフローが健全とは思われない。三時四五分になっていた。私はたいてい三時四五分から四時の間には退社する。翌日の予定を確認し、３Ｍに関する資料をカバンに詰めて、ライに向けて出発だ。

四時に帰宅すると、メールを確認し、シャワーを浴びて、楽な服装に着替える。そして、自宅のオフィスに戻った。四時四五分から、夕食が始まる六時一五分まで、３Ｍとニック・

ギャングスタッドとのやり取りについて検討し、同社に関するメモの訂正を始める。夕食を済ませると、メモの訂正を終わらせ、利益モデルを更新する。株式を保有する理由と株価評価の見直しを行う。まだ、株式を保有し続けて良さそうだ。さて、九時四五分になった。疲れた、もう寝る時間である。

第4章

インターステート・ベーカリーズ

一九〇五年、一八歳になるラルフ・ルロア・ナジガーは、カンザスシティのダウンタウンにある教会の地下でパンを焼き始めた。彼のパンはおいしく、よく売れたのだ。この成功を機にナジガーはいくつものパン工場を設立し、また取得していった。二〇年後、パン工場を競合他社に売却するとすぐに、その売却資金でほかのパン工場を買収、一九三〇年にそれらを統合して、インターステート・ベーカリーズを設立する。その後三〇年以上にわたって、ナガジーは一五のパン工場を買収し、インターステートを全米最大のパンならびに菓子パン製造会社へと発展させる。

インターステートは、パンの製造だけでなく、流通や販売も行っていた。パンの保存可能期間は比較的短い。そのため、焼き上がってから可能なかぎり早急に店舗に配送しなければばならないのだ。それを可能とするために、インターステートは一九八〇年の時点で、三〇〇〇台以上の配送トラックを駆使し、パンやその他の製品をたくさんのスーパーマーケットや小さな食料品店、コンビニエンスストアやレストランへ届けていた。トラック運転手組合に加盟していた同社の運転手たちは、新しい商品を店の棚に並べ、古くなった商品を回収して回ったのである。古くなったパンは、同社が運営する四五〇の格安店で大幅に割り引かれて販売されていた。儲けの少ない格安店は同社にとっては負担でしかなかったが、欠くべからざる存在であったのだ。

私がインターステートに興味を持ったのは一九八五年秋、ハワード・ベルコウィッツが同社の発行済み株式の一二％を取得、取締役会長に就任し、同社の業績を大幅に改善すべく新しいCEO（最高経営責任者）を採用したことを友人に教えられたときだ。ベルコウィッツのことは以前から知っており、経験豊かな、抜け目ない投資家という印象を持っていた。ベルコウィッツは一九六七年に設立された初期の、そして最も成功したヘッジファンドのひとつ、スタインハルト・ファイン・ベルコウィッツ・アンド・カンパニーの共同設立者であった。一九八〇年代半ばまでに、彼は同社を去り、新しいヘッジファンド、HPBアソシエイツを設立した。彼はやる気にあふれ、世話好きで、実に正直な人物だというのが私の印象であった。ベルコウィッツは、その投資が成功すると確信が持てないかぎり、自身の資金と信用をリスクにさらしてまでインターステートに投資しないであろうと考えた。それが、私がインターステートに興味を持った理由である。

パン製造という事業が悲惨なもの、それも最悪の部類に属するものであることは分かっていた。買い物客は特定のブランドに特別な思い入れなど持ちはしないのだ。精白パンはどれも精白パンであるし、全粒粉のパンは全粒粉のパンなのだ。このようにブランド選好が低いことで、販売店はパン製造業者に対する交渉力を持つことになる。販売店は、この価格で売らないなら、ほかの納入業者にあたるだけだとパン製造業者を脅すことができるわけだ。そして、それぞれが競争するよう仕向けるのである。ウォーレン・バフェットが好むのは、堀で守られた事業である。パン製造にはいかなる堀も存在しない。柵どころか、「番犬の鳴き声」すらないのだ。それゆえ、パンの納入価格は低く抑えられ、十分な利益を獲得することが難しくなるのだ。もちろん、利益があれば、の話であるが。これが、パン製造が悲惨な事業であることの主たる理由である。

ほとんどのパン製造業者が儲からない理由はほかにもある。トラック運転手組合やほかの組合労働者のせいで、経営陣は効率的な経営ができないことが多いのだ。なかには、複数事業者型年金制度に加盟している者もいる。これはパン製造業者がほとんど手出しできないばかりでなく、彼らには定量化できない、重たい負債となり得るのだ。さらに、価格や雇用について経営者が管理するのが難しいばかりでなく、原材料費をコントロールすることも難しい。小麦や砂糖、その他の原材料価格は、需給関係に応じて変動する。さらに、経営者は何千台もの配送車のガソリン代もコントロールできない。

以上の理由から、パン製造業者というのは利益率もキャッシュフローも低く、またキャッシュフローが少ないがため、設備を適切に維持管理したり、近代化するだけの十分な資金を確保することができずにいることが多いのだ。母親ですら、パン製造業者をなかなか好きにはなれないであろう。

ベルコウィッツは、インターステート・ベーカリーズがこの伝統的とも言える問題に苦しんでいるときに、同社に興味を持ったことになる。一九七九年、インターステートは業績不振に陥ったコンピューターリース企業のDPFに買収されていた。DPFはリース事業を解体し、その後の存続を図るためにほかの事業を買収したがっていたのだ。また、DPFは多額の繰越損失を抱えており、それを買収した企業の税金と相殺することができたのだ。一九八一年、DPFはリース事業をやっとのことで手放し、社名をインターステート・ベーカリーズに変更する。DPFの多額の負債を抱え込んだ、新生インターステート・ベーカリーズは、設備を維持・更新するための財源を欠くこととなる。さらに、経営陣はリース事業の処分に何年間も集中せざるを得ず、製パン事業はおろそかとなっていた。インターステートの収益は一九八〇年代前半には大幅に減少し、一九八四年には赤字に転落した。一九八四年、ベルコウィッツがインターステートの会長に就任してまず行ったのが、CEOを解任し、ジェネラル・ミルズの副会長であったボブ・ハッチを新任のCEOに迎えることであった。ボブ・ハッチはすかさず、インターステートの負債を削減し、非効率な工場を処分し、配達経路を最適化し、一般販管費の削減と効率化を行うことで収益力を改善させると発表した。

私がインターステートの分析に取り掛かることを決めた一九八五年秋、同社の株価はおよそ一五ドルであった。企業の分析を始めるにあたり、私はまずバランスシート（貸借対照表）の検証を行うのが常である。株主は損益計算書から資金を得るが、バランスシートを生き抜かなければならないと言われるが、私はこれに同意する。私は資本を永久喪失するリスクを最小限に抑えたいと強く願っているので、企業を理解するためにはバランスシートから始めるのが適切であろう。バランスシートを検証するにあたり、私は財政上、会計上の強さを探し求めている。負債資本比率、流動性、減価償却率、会計実務、年金ならびに健康保険にかかる負債や「隠れた」資産、負債などを、状況に応じて検証していくのだ。企業のバランスシート、特に負債資本比率やキャッシュフローなどで問題を見つけた場合には、よほどの理由がないかぎり分析は終了だ。インターステートの場合、ハッチは同社の負債を削減、バランスシートを強化して素晴らしい仕事をしたと思われた。一九八五年五月三一日の期末時点で負債の純額は二五〇〇万ドルも削減され、翌一九八六年も引き続き削減されていた。一九八六年五月三一日時点で、同社の負債は、八五〇〜八八〇万ドルの資産に対して、二五〇〜二八〇万ドル程度となるであろうと私は予測した。インターステートのバランスシートは、その他多くの点についても良好なように思われた。私が懸念したのは、バランスシートに計上されていない潜在的な損失である。つまり、複数事業者型年金制度による将来の負債である。しかし、近年、株式市場が好調のため、年金資産の価値は大きく増大しており、近い将来インターステートが大きな負債を抱えることはなかろう、と考えるのも合理的と思われた。

企業のバランスシートが検閲を通過したら、次に私は経営陣に関する情報を入手しようとする。企業の成否は、経営陣の強み、モチベーション、そして性格に大きく左右されるのだ。経営陣に対する評価を下すにあたり、私は経営陣の一般的な評判に注目し、彼らの過去の発言に目を通し、彼らが戦略を遂行し、目標を達成できているかどうかを分析する。しかし、私は経営陣の能力を正確に評価することに対しては謙虚であろうとしている。投資家というのは、カリスマ的な企業幹部や、投資家が聞きたいと思っていることを意図して口にする、つまり観客の前で演じているような企業幹部には感心しすぎるきらいがあることを経験から学んでいる。また、投資家は、企業の良好な業績を過度に経営陣の功績だと評価したり、またその逆に、悪い業績を経営陣の責めとしたりしがちなのだ。何年も前、私はウォール街で行われたタイコー・インターナショナルのカリスマCEOであるデニス・コズロフスキーのプレゼンテーションに、何百人という証券アナリストとともに参加したことがある。プレゼンテーションが終わると、聴衆は拍手喝采、参加者のひとりは私に向かって、「コズロフスキーは今世紀最高の経営者のひとりかもしれないね」と言ったものだ。数年後、タイコーは破産寸前となり、コズロフスキーは刑務所送りとなった。これは、経営陣の評価には謙虚になるべきとする理由のひとつである。インターステート・ベーカリーズについては、ベルコウィッツは優秀な経営陣を選ぶだけの能力もモチベーションも持ち合わせていると私は考えていたし、ハッチが同社の効率性とバランスシートを即座に改善させたことに感銘を受けてもいた。

企業のバランスシートと経営陣についての情報を入手したあとは、事業のファンダメンタルズの分析に取り掛かる。われわれは、製品やサービスの品質・評判・競争や将来の競争への防衛策、技術革新やその他の変化、費用構造、成長機会、価格決定力、景況への依存度、政府による規制、資本集約度や資本利益率など、重要な要素を理解しようとする。情報は不確実を減らすとわれわれは考えており、したがって可能なかぎり多くの情報を集めようとする。われわれは、読み込み、考え、そして時には顧客や競合他社、納入業者と対話する。分析している企業の経営陣にインタビューを行いながら、その意見や見通しが偏っていないか慎重に聞き取っている。髪を切るべきかどうか、床屋に聞くべきではないことをわれわれは経験から学んでいるのだ。インターステートの場合、製パン事業がひどいものであると結論するまでにはさして手間はかからなかった。

大量の情報を分析するには、どのように分析を進めればよいかを理解していなければならない。見通しが立てば、意思決定に重要な情報と、重要性に劣る情報とを分類することができる。何が重要であるかが判明したら、われわれは意見の構築と、利益ならびにキャッシュフローの予測を始めることができる。インターステート・ベーカリーズの場合、同社の分析に重要と思われる五つのファンダメンタルズと予測とを探り出した。

①バランスシートは問題ない
②経営陣は有能かつやる気がある
③事業は収益力に乏しく、魅力がない
④どんなに良くとも、収益は平均して年利五％成長が関の山
⑤税引き前利益率は向こう数年で三・五％まで向上させ得るというハッチの見通しはたしからしい

われわれが見通しを立てるとき、将来を確実に見通すことは不可能であることを重々承知していることを記しておく。投資とは確率論的なものなのだ。

企業を分析するにあたり、われわれは企業の過去・現在・未来の利益についてもモデルを構築する。モデルを構築することで、われわれの考えを組み立て、重要な変数を分析することが容易になる。われわれのモデルには、向こう二～三年の利益予測を盛り込んでいる。

利益モデルの構築が終われば、われわれは企業の評価を行うに十分な情報を獲得したこととなる。通常、われわれの企業評価は、利益やキャッシュフローの予測に倍数を掛けることで行われる。倍数は、企業の競争力や成長の見通しの関数である。一九六〇年から二〇一〇年の五〇年間にわたり、株式市場はS&P五〇〇指数で見ると、平均PER（株価収益率）が一五・八である。それゆえ、企業を評価する際に、われわれは、質や成長可能性が平均的な企業には一五・八のPERを、平均以下の企業には一五・八を下回るPER、もちろん平均以上の企業には一五・八を上回るPERを適用する。企業を正確に評価するのは容易ではない。しかし、優れた判断を下すことができる、情報に通じ、経験豊かな投資家は十分な正確性をもって企業を評価することができ、それに基づき適切な投資判断を下すことができることを私は経験から知っている。企業評価とは方向指示器なのだ。

インターステートに関する私のエクセルモデルは、一九八八年度の同社の一株当たり利益を二・三〇ドルと見積もっている。この予測の裏にある私の仮定は、収益は年利五％成長し、七億七五〇〇万ドル、税引き前利益率が三・五％、実効税率を三〇％、希薄化後株式総数が八二〇万株というものだ。

インターステートを評価した私の結論は、長期的な事業のファンダメンタルズは明るくないが、経営陣は優秀かつやる気にあふれ、その一方で成長率の見通しは平均を下回る。結果として、同社は利益の一一倍と評価する。それゆえ、二年後にはインターステートの株価は現在の一五ドルからおよそ六六％高い、二五ドルとなるというものだ。

評価を終えた私の最初の感想は、インターステートの株式は事業の魅力のなさを考えると、買うにはまだ高すぎるというものだった。しかし、別の考えもあった。ベルコウィッツは同社に大規模な投資をしているし、彼は聡明な人物だ。私は、投資をしている企業や業界に豊富な知識を有する、成功している投資家に従いたいと考えた。また、一九八二年半ばから一九八五年一〇月にかけて、S&P五〇〇指数は、一一〇からおよそ一八五まで六八％も上昇している。一九八五年一〇月には、ほとんどの株式が割高となっており、インターステートよりも魅力的な株式をポートフォリオに組み込むことは難しかった。株式市場においては、融通無碍であることを良しとし、慣習やしきたりに固執することは良くないと私は考えている。時に直観に従うことが最も良いのだ。インターステートについては、私の本能が買え、と言っている。その後数カ月にわたり、私はインターステートの発行済み株式のおよそ八％を、平均コスト一五ドル程度で買った。

われわれが株式を評価し、投資判断を下す過程は整然としているように見えるかもしれないが、実際には、やっかいなものである。われわれが常日ごろ扱うのは、不完全な情報であったり、相矛盾する情報や肯定的なことと比較検討しなければならない否定的なことであったり、評価したり、予見したりするのが困難な重要な変数（技術革新や経済成長など）であったりする。われわれの分析には定量的（企業の負債資本比率であるとか、製品の市場シェアなど）な面もあるが、多くは定性的なものである。また、いつ分析をやめ、決断を下すべきかも決めなければならない。さらに、当初の意見や判断を変えさせるような新しい情報も受け入れなければならない。株式を分析する公式を持っているという人は、株式の分析の仕方を知らないのだ。

一九八六年の夏、ベルコウィッツは私に対して、インターステートの役員に加わり、協力するよう求めてきた。私はこれを受け入れた。一〇月一五日に開かれた最初の取締役会はほとんど喜劇であった。会議は、カンザスシティにある本社の近くで開催された。多くのゴマすり役員たちが私に近づいてきて、自己紹介をし、私を歓迎し、私を役員として迎えられることを光栄に思うと言った。私には、なぜそう思うのか理解できなかった。彼らとは一度も会ったことがないし、彼らに私の経歴書を渡してもいない。彼らは私のことを何も知りはしないのだ。マーケティングを担当する一人の幹部から、同社の商品サンプルの詰まった巨大なゴミ袋を手渡された。インターステートは、さまざまな商品名で販売されるたくさんの種類のパンと、ドリー・マジソンなどの名で販売されるさまざまな菓子パンを製造しているが、それらすべてのサンプルをもらったのだ。私にできることは、終日、巨大なゴミ袋をぶら下げ、カンザスシティ国際空港に向かうタクシーに何とか詰め込むことだけであった。本当の問題は空港で発生した。私はゴミ袋を預けることができず、手荷物として飛行機に持ち込み、頭上の収納棚に詰め込まなければならなかったのだ。なかなか棚に収まらない。押せども、押せども、入りやしない。そこで、パンやケーキの袋を個別に取りだし、ほかの乗客の手荷物やノートパソコン、レインコートや傘、帽子やその他さまざまな物の隙間に詰めていった。すべての乗客が着席し、シートベルトを締めるまでは飛行機はゲートを離れることができない、とパイロットのアナウンスが流れる。私はシートベルトを締めるまでもなく立ち尽くし、左手には、バターナッツ・ライト・ホールサム・ライト・ブレッド、右手にはバターナッツ・エンリッチド・シンリー・スライスド・サンドイッチ・ブレッドを抱えている。救出に来る乗客やフライトアテンダントもいたが、ほかの乗客はただただ不満そうに私を見つめるだけだ。私は迷惑な客として注目を集めてしまったのだ。フォーマルなダークのピンストライプスーツに赤いネクタイを締めた男が、二五斤ものパンと大量のドーナツとケーキを抱え、カンザスシティからニューヨークに向かう姿に、信じられないとばかりに頭を横に振る乗客もいた。しかも、ゴミ袋に入れてあるのだ。頭上の収納棚の一つを閉めようとした瞬間、ミルブルック・エンリッチド・パンパーニッケル・ブレッドがバランスを失い、一人の女性の頭上に落っこちた。さらに、ドリー・マジソン・パウダード・ドーナツの袋が別の女性の膝に落ちる。私はお詫びをし、ドーナツを差し上げると女性に伝えた。彼女は変わった者でも見るかのように私を見詰めている。そう、私はどうかしているのだ。

その日の夜遅く帰宅し、キッチンにゴミ袋を置くと、そのままベッドに向かった。取締役会よりも、ゴミ袋に疲れ果てた。翌朝、妻のスーに、自分が新たに役員となった企業が製造するたくさんの面白い商品を見せたくて仕方がなかった。私はパンとケーキをキッチンの調理台の上に並べる。すでにいっぱいだ。丹念にデザインされたパッケージがキッチンに彩りを与えると私は考えた。しかし、スーはまったく逆であった。彼女はラベルに記載された原材料を見ると、怒りだした。「部分水素化動物性ショートニング、セルロースガム、葉酸、含硫アミノ酸、硝酸チアミン、人工着色料、人工香料、二酸化硫黄」。スーは私に向き直って、「あなた、化学の勉強したわよね。硝酸チアミンって知ってるでしょ。

ひどいわ。これじゃまるで爆弾よ」。ニューロシェル高校とＭＩＴ（マサチューセッツ工科大学）の化学実験室で何百時間も過ごしたにもかかわらず、さらにはウェスティングハウス・サイエンス・タレント・サーチの出場者であったにもかかわらず、硝酸チアミンが何であるかまったく気づかなかったことを認めなければならない。ただ、その名前を聞くとひどく思える。さらに、ほかの多くの原材料の名前は、ひどいを通り越しているように聞こえる。それゆえ、妻がパンもケーキもドーナツも「今すぐ捨てなさい」と言ったとき、私は即座に同意した。ともかく、すべての商品を食べきるまでに何カ月もかかるだろうし、われわれのウエストにも打撃を与えることだろう。そこで、私はパンやケーキを無料食堂に寄付してはどうかと提案したが、スーは即座に拒絶した。「こんな化学物質ばかりのもの、だれにも食べさせられないわよ」。そして、パン二五斤ほどと何十種類もの甘い菓子パンやドーナツはゴミ袋に戻され、そのまま廃棄された。

インターステート・ベーカリーズへの投資では、本当に幸運に恵まれていた。一九八六年初頭から夏の半ばまで、豊作の見通しのおかげで小麦価格は一ブッシェル当たり三・二〇ドルから二・二五ドルまで下落した。また、一九八五年秋から一九八六年夏の半ばまで、原油価格は一バレル三〇ドル付近から、一〇ドル程度まで急落したのだ。インターステートは大量の小麦とガソリン（搬送用トラックのために）を消費しているので、小麦と原油の価格急落は大きなコスト削減につながる。原料価格が下落すると、競争によって企業はコスト削減のほとんどを商品価格に反映させざるを得なくなるが、それには時間差が伴う。インターステート・ベーカリーズの場合、費用の削減額は大きく、値下げの時間差も長かったので、企業の利益は急上昇した。一九八六年五月三一日を期末とする会計年度で、リストラ関連費用を差し引く前のインターステートの税引き前利益は一四六〇万ドルであった。一年後のそれは二〇七〇万ドルであった。四二％の利益拡大の一部は経営陣による費用削減が実を結んだものではあるが、大半は小麦とガソリンにかかる費用が大幅に減少したことによるものだ。

一九八七年二月、ベルコウィッツは賢くも、利益が大幅に増大した今こそが会社の売り時と判断する。取締役会もただちに同意し、ゴールドマン・サックスを雇い、インターステートの価値算定と、売却に関する助言を行わせた。三月二七日、ゴールドマン・サックスは取締役会に対し、同社をオークションにかけたとして、買い手が他業種であれば一株三二〜三五ドル、戦略的効果または相乗効果が期待でき、競合を減らすことができる同業他社であれば一株四〇ドルまでは付けるだろうと報告してきた。私のもともとの評価は一株当たり二五ドルであるから、ニンマリである。

一九八七年春に、ゴールドマン・サックスはセリング・ブローシャーを作成し、買い手候補に打診を開始した。一方、インターステートが他社に買収されれば職を失うことが予想されるボブ・ハッチは、ファースト・ボストンに接触し、ファースト・ボストンと協同して、インターステートの支配権を取得することを提案した。ファースト・ボストンはこれに同意する。六月六日、ハッチとファースト・ボストンのグループは、大株主が保有する株式を、一株三五ドルで取得すると申し出る。この取得に成功すれば、同社の実効支配が可能となるのだ。しかし、インターステートの取締役会がこの提案を退けると、ハッチは、今は売り時ではなく、売却を取りやめるべきだと取締役会に提案する。しかし、鍵を握っているのはベルコウィッツである。そして、ベルコウィッツは同社の利益が一時的にかさ上げされている今こそ、自身の利益を確定させたいと考えていたのだ。

同社の売却は進められる。インターステート買収にまず興味を示したのは一一グループで、最終的には四社が秘密保持契約を締結するだけの意欲を示した。これによって彼らは、インターステートの財務ならびに営業に関する非公開の資料をすべて閲覧することが可能となる。ハッチとファースト・ボストンのグループはそのなかのひとつであった。その他三社は、ほかの製パン業者である。インターステート買収に手を挙げることで、競合他社はインターステートの非公開資料を自由に手にすることが可能となる。つまり、それが真剣なものであろうが、単なるふりであろうが、インターステート買収に興味を示さなかったら、その競合他社はバカ者だということだ。

八月一一日、インターステートは、同社買収に関する非公式の打診を受けた旨のプレスリリースを発表した。これを受けて、インターステートの株価は二八・八七五ドルから三六・二五ドルまで跳ね上がった。

インターステートの取締役は、同社買収を真剣に考えているのはハッチとファースト・ボストンのグループだけであり、ほかの三つの競合は買収に意欲があるふりをしているだけであろうと心配していた。そこで、同社売却のオークションは非公開とすることを決定する。買い付け価格は、封印された封筒に入れて提出されるのだ。九月一一日金曜日、午後五時、封筒が開かれた。取締役会は、ハッチとファースト・ボストンのグループは自分たちが唯一の買い手であることを知ると、買い付けを行わないのではないかと懸念していた。そこで、オークションの勝者は、買い付けが認められるや否や、最終的な買収契約を締結することが求められた。

ゴールドマン・サックスが封筒を開けると、ハッチとファースト・ボストンのグループが一株当たり三八ドルで勝者となった。札を入れたのは彼らだけである。ゴールドマン・サックスは取締役会と協議し、ハッチとファースト・ボストンのグループに対し、買い付け価格を四〇・五〇ドルまで引き上げるのであれば、インターステートを譲渡する旨伝えることに決めた。これは図々しい話である。相当に図々しい。一二日の午前一一時、ハッチとファースト・ボストンは四〇・五〇ドルの価格で合意し、数時間後に最終的な買収契約が締結された。

九月一三日日曜日、インターステートの取締役は会合を開き、取引を承認する。会議のほとんどは、この取引に関するインターステートの法律顧問である、シュルテ・ロス・アンド・ゼーベルのポール・ロスが取り仕切った。ロスは、騒擾取締令を読み上げた。取締役会には、企業に対するすべての提案と代替案とを検討する法的義務がある。買収に合意する前に、その取引が株主にとって最良の選択であることを一〇〇％確実なものにしなければならない。さもなければ、取締役は善管注意義務違反またはそれ以上の罪で有罪となってしまう。代替案についての議論と分析が行われる。私は人格者だと自認しているが、ハッチとファースト・ボストンの麗しくも、バカバカしい高値買いが株主の利害にとって最良なのかどうかと退屈な議論を二時間もやられると、さすがに我慢の限界に達し、思わず口走ってしまった。「自分が太っていることを確認するために体重計に乗る必要などないじゃないか。この会議でハッチとファースト・ボストンの買い付けを二時間も体重計に乗せているが、彼らの買い付けは重すぎて、体重計を壊しかねないだろう。さあ、さっさと取引を承認して、妻と子供たちが待つ家に帰ろうではないか」。ロスは嫌な顔をして、私は取締役の法的責任に関する自分の説明をまったく聞いていないと言った。そして、取引が正式に承認されるまで、さらに数時間、どう考えても無駄な時間が費やされたのだ。

インターステートの買収物語は九月一三日では完結しなかった。一〇月一九日、株式市場が暴落する。S&P五〇〇指数は、その日二〇・九%も下落した。私が懸念したのは、ハッチとファースト・ボストンは、買いを入れたのは自分たちだけであり、救いようのない事業に高い価格を支払いすぎたことに気づき、不可抗力条項を主張して、買収をなきものにしようとするのではないか、ということだ。実際に、彼らは取引を中止しようと試みたが、ロスが書いた買収契約書は極めて縛りの厳しいもので、逃げ出す手はなかった。一〇月二六日月曜日、買収はやっと完了する。

この物語には後日談がある。ハッチとファースト・ボストンのグループは一九九一年にインターステートを再上場させ、上場で得た資金を債務の削減に充当する。そして、一九九五年、インターステートは、ラルストン・ピュリナの子会社で問題を抱えていたコンチネンタル・ベイキングを三億三〇〇〇万ドルの現金と一六九〇万の新株で買収する。五年後、インターステートはラルストン・ピュリナが保有していた一六九〇万株のうち、一五五〇万株を二億四四〇〇万ドルで買い戻す。この買い戻しがインターステート破滅の原因となったようだ。これによってインターステートの債務は二億四四〇〇万ドル増大し、有形資産の簿価も同程度減少してしまった。二〇〇一年五月三一日時点で、インターステートの債務は五億九五〇〇万ドル、有形資産の簿価は二〇〇〇万ドルのマイナスである。もちろん、これはバランスシートが相当危険な状態にあることを示している。この危うさが災難へとつながったのが三年後、営業損失が発生し、社債信託契約の違反条項に抵触してしまったのである。同社の財務状況は深刻な問題に直面することになる。二〇〇四年九月二二日、インターステートはチャプター11の適用を申請する。同社が倒産状態から脱するのは二〇〇九年を待たなければならなかったが、その後二〇一二年初頭、複数事業者型年金による多額の年金負担と、厳しい労働法規による非効率性ゆえに、再びチャプター11を申請せざるを得なくなる。二〇一二年一一月、同社は継続企業として存続することはできず、各種のブランドを売却して清算する意向だと発表した。インターステート・ベーカリーズは溶け行く氷であり、ついには完全に溶けてしまったのだ。

インターステート・ベーカリーズから学ぶべき教訓はいくつかある。株価が企業の質に比して、けっして大幅な割安となっていないときに、私は、会長が極めて優秀かつ、株主の利益のために活動する高いインセンティブを持つという理由で、大きなポジションを取ることを決めた。この賭けは報いられた。インターステートの利益が小麦とガソリンの価格が大幅に下がったことで急拡大したときに、ベルコウィッツは鋭敏にも、利益増大が一時的なものにすぎないことを認識した。彼は同社の株式を九二万四八〇〇株保有していたので、同社を売却する高い動機があったのだ。

しかし、ハッチはほとんど株式を保有していなかった。彼の主たる動機は、CEOの地位に留まることであったろうと私は考えている。CEOとして、年間五〇万ドル以上を稼ぎ、多くの特権や名声を享受していたのだ。同社を売却すべきではないというハッチの当初の意見は、彼の個人的な利害が働いたがゆえのものであったのだろうか。ハッチとファースト・ボストンが同社に高い価格を付け、オークションに勝ち、CEOに留まることができたわけだが、このあまりに楽観的な値付けを行ったのは彼の個人的な利害によるのだろうか。

これに対する明確な回答を私は持ち合わせていないが、経営陣も投資家も、それぞれ自分の利害のために活動する傾向があると私は考えており、インターステート・ベーカリーズはその好例であろう。

もう一つの教訓は、巨額の負債は命取りになり得る、というものだ。私の義理の父は、慎重に投資すれば、困難な環境下でも生き抜き、そして「生き続ける」ことができると忠告した。インターステートの経営陣は、二億四四〇〇万ドルも自社株を買い戻すことで、同社に過剰な負債を負わせ、財政状況を悪化させてしまった。結果として、インターステート・ベーカリーズは生き続けることができなかったのだ。魅力的ながらも、バランスシートが弱いがために見送った投資は山ほどある。この規律こそが、われわれが長年にわたり成功を収めることができた大きな理由であろう。

第5章 U・S・ホーム

私は、企業を選び出すにあたり、ブルームバーグのデータバンクを頻繁に利用する。私が探し求めているのは、PER（株価収益率）が低い、PSR（株価売上高比率）が低い、PBR（株価純資産倍率）が低い、またその他さまざまな基準に比して株価が低いといった基準を満たす企業である。たいていの場合、これによって、さらに分析を進めるに値する株式がたくさん洗い出されるが、分析を進めると割安に放置されているもっともな理由が見つかるものだ。これまでのキャリアで、私はおそらく何千社とスクリーニングをしていると思うが、有効な投資アイデアにたどり着いた確率は、一％をはるかに下回るであろう。スクリーニングを通じて投資アイデアを見つけるのは、干し草の山から一本の針を見つけるようなものなのだ。

一九九四年半ば、純資産に対して株価が大幅に割安となっている企業を探しているとき、私は戸建て住宅メーカーであるU・S・ホームの名前に出合った。私が当初目にしたとき、同社は一九九一年にチャプター11を申請し、一九九三年にそこから脱したときは、収益力はあるも、住宅メーカーとしてのバランスシート（貸借対照表）の質は平均的な企業であった。一株当たり純資産は二七ドル程度で、EPS（一株当たり利益）は二・五〇ドル。株価は一七ドルほどで、PBRは〇・六三倍、PERは六・八倍といったところだった。極めて低いPERとPBRを見ると、バリュー投資家はアドレナリンが出るのだ。私は、はやる思いで検討を進めることを決めた。

U・S・ホームが破産手続きを行ったときの代理人がケイ・シェーラーの弁護士事務所であることに気づいた。私は、ケイ・シェーラーのマネジングディレクターを知っていたので、彼に電話をかけた。この電話はまさに幸運であった。このマネジングディレクターはU・S・ホームとその経営陣のことをよく知悉していたのだ。ケイ・シェーラーは、一九八〇年代半ばのテキサス州における住宅市場の低迷と、その後の一九九〇年の住宅市場全般の不況とがU・S・ホームが破産した原因だと見ていた。原油価格が急落したことで石油産業の中心地であるテキサスでの新築住宅需要が低迷するさなか、U・S・ホームはテキサスの住宅市場に過度にさらされていたのだ。数カ月のうちに、需要は鈍化し、U・S・ホームはヒューストン地域で管理していた七〇の分譲地のうち、三六を閉鎖せざるを得なくなっていた。一九八〇年代半ばの市場低迷によって同社の財政状況は悪化したが、それに続く一九九〇年の住宅不況はまさにノックアウトパンチであった。重要なことは、ケイ・シェーラーに勤める友人によれば、U・S・ホームの財政問題は外部要因に起因するものであり、財政状況を除けば、同社の経営はしっかりしており、効率的で、高い評価を受けている、ということだ。

私はすぐに、破産の烙印を押され、不当にも押し下げられているU・S・ホーム株についてのストーリー構築を始めた。時間の経過とともに、汚名は消え、株価は上昇するだろうと私は考えたのだ。そして、同社と住宅産業についてのさらなる検証を開始したのだ。

U・S・ホームは一九五九年、いくつかの小さな住宅メーカーが合併してできた会社である。同社は独自に成長し、買収も行いながら、一九八〇年代半ばには、一〇億ドルを超える収益を上げるようになった。同社の建設する住宅は品質が高いと評判で、さらに成長していった。純負債額は少々大きいが、これは更地の在庫や開発済みの分譲地、建設中の住宅などで担保されている。同社は何の問題もないが、また特筆すべきことも何もなかった。

住宅建設というのは、質も成長余力も平均的な産業のようだ。事業は次のようにして進む。住宅メーカーは通常、未開発の大規模な土地を購入する。その後、地元の官庁に土地の分割と開発の許可を申請する。開発行為には、道路の建設や水道、下水、天然ガスや電気線の設置なども含まれる。その後、住宅メーカーはモデルハウスをいくつか建設し、分譲地を売りに出す。モデルハウスなどは販売以前に建設されるが、ほとんどの住宅は売買契約が結ばれ、手付金の支払いが完了したあとに建設が行われる。住宅が完成すると、建物使用許可証が交付され、権利が購入者に渡される。

戸建て住宅というのは、伝統的に地元の建設業者によって建設される。地元の業者が徐々に大きくなり、対象地域も拡大し、やがては上場企業となる。より大きな上場企業は、スケールメリットを享受し、さらに重要なことに資本市場へのアクセスを持てるのだ。資本市場へのアクセスが可能であれば、更地を購入し、分譲地を開発し、住宅を建設する資金を借り入れるときに有利となる。

私は、U・S・ホームの財務諸表を検証し、利益モデルを構築、一九九六年から一九九七年までには一株当たり三～四ドルの利益を上げるであろうとの結論に至った。当初、同社を利益の一二倍と評価していたので、株価は向こう二～三年で三六～四八ドルとなるだろうと考えていた。しかし、同業他社は、利益の一二倍をいくらか下回る株価を付けていることに気づいた。いくつかの理由によって、住宅建設業界はウォール街では高い評価を得られずにいたのだ。実際に、業界は「スティックビルダー」なる蔑称を賜っていたのだ。そこで私は、期待値を引き下げることにした。U・S・ホームの株価が利益の一〇倍にしかならないとしても、現時点での株価はたった一七ドルであるのだから、これは魅力的な投資機会であるように思われた。そして、株式を買い始めたのである。

U・S・ホームへの投資はじれったいものであった。事業自体は私の期待を大幅に上回るほど順調であった。一九九四年から一九九九年の間、同社の収益は九一％も増大し、利益は一株当たり二・五〇ドルから五・三〇ドルへと二倍以上増大したのだ。これらの業績から考えれば、株価は場外ホームランとなって然るべきである。しかし、そうはならなかった。株価は相変わらず、利益の六～七倍程度で推移していた。経営陣は、自社株の宣伝に努めた。会長であるボブ・シュトルードラーは、耳を傾ける人であればだれにでも自社の話をして回った。一九九七年三月五日、同社は丸一日をかけて証券アナリスト向けの会議を開いた。シュトルードラーは、自社の戦略、強み、そして成長余地について説明し、私にしてみれば彼は良い仕事をしたと考えていたが、無駄であった。六月に入ると、株価は三月上旬を下回るようになってしまった。

一九九八年から一九九九年にかけて、私はシュトルードラーと頻繁に会話した。私が企業の幹部と話をするときは、新製品や競争、戦略や財務といった企業のファンダメンタルズにかかわる点に焦点を当てるのが常である。しかし、シュトルードラーとの会話は、どうして株価は六～七倍程度しか付かず、純資産に比べて大幅に割安に放置されているのかに集中していた。われわれは困り果てていた。U・S・ホームの経営は順調である。六～七倍程度のPER、低いPBRに甘んじるような企業ではない。U・S・ホームは、バリュー投資家にしてみれば夢のような企業なのだ。私はほかの資産運用者にも同社の株式を推奨していた。しかし、株価はいまだ利益の六～七倍といったところであった。私のいら立ちは、やがて失望へと変わっていった。

二〇〇〇年初頭、やっとU・S・ホームが割安であることに気づく会社が現れた。同業他社であるレナー・コーポレーションである。レナーはPER六・六にあたる三四・七五ドルでU・S・ホームを買収した。ほとんど盗んだと言ってもよいような価格である。われわれが保有する企業に買収がかかれば、通常は祝うべきことである。シャンパンを抜きたいところだ。しかし、U・S・ホームの株式が利益の六・六倍で買収されても、何も祝う理由はない。われわれは六年近くの間保有した揚げ句、資金が倍程度になって戻ってきただけだ。これでは、年率換算するとおよそ一二％にすぎない。われわれの目標は平均リターンが年利一五～二〇％（そして、二〇％に近づけること）であるのだから、この投資は失敗である。

しかし、この話には喜ばしい面もある。U・S・ホームを保有していたことで、われわれの歴史のなかで最も儲かった投資アイデアに出合うことになったのだ。まさにホームランである。このホームランについては次章で述べることにする。

第6章

センテックス

一九九〇年後半、U・S・ホームの収益は私の予想を上回る速さで拡大し、また同社は市場シェアも大きくしていた。数字を挙げれば、一九九九年、アメリカ全土での住宅建築数は全体で一・五％しか増大しなかったが、同社は前年比で一二％も多くの住宅を販売したのだ。私の好奇心は刺激され、上場しているほかの住宅メーカーの成長率を調べてみた。同業他社もまた、業界全体よりも成長率が高かったのである。何が起きているのだろうか。上場企業が業界全体よりも早く成長しているのであれば、その分、未上場の企業が後れを取っていなければならない。ではなぜ、彼らは低迷しているのか。私は受話器を取り上げ、ウエストチェスター郡南部で毎年数件の住宅を建設している友人に電話をかけてみた。私の質問を聞いた友人は、不案内にすぎると思ったようだ。実際に、しばしの沈黙のあと、S

&L危機を聞いたことがないのか、と言うのだ。

一九八〇年代、俗にS&Lまたは貯蓄金融機関として知られる貯蓄貸付組合は、高金利の影響で苦境に陥っていた。一九六〇年代から一九七〇年代にかけてS&Lが行った住宅ローンの金利は固定で、しかも比較的低いものであった。しかし、一方で一九七〇年代後半から一九八〇年代初頭にかけて、金利は急騰する。一定水準の預金を獲得するためには、S&Lも預金者に高い預金金利を支払わざるを得なくなったのだ。その結果、彼らの手元に残る利ザヤは諸経費を賄うにも不足する事態となったのである。さらに、一九九〇年に不動産市場が軟化し、S&Lが行った貸し付けの多くが焦げついたのだ。S&Lは深刻な問題を抱えることになる。その多くが破産を申請したり、廃業したりした。また他社との合併を余儀なくされたりもしている。危機があまりに深刻となった結果、一九三四年に議会制定法によって設立された連邦貯蓄貸付保険公社も債務不履行となり、破綻せざるを得なくなった。

これまで、中小の住宅メーカーが土地を購入・開発し、住宅を建設するために必要となる資金の多くはS&Lや地元の地方銀行が提供していた。一九九〇年の住宅不況期、中小住宅メーカーの多くが営業損失を出し、借り入れを返済できなくなっていた。その結果、危機を乗り越えたS&Lや地方銀行のほとんどが、もはや中小の住宅メーカーに対する貸し付けをしたがらなくなっていたのである。資金も不足し、借り入れ条件も厳しくなったことで、中小の住宅メーカーは、かつてほど多くの住宅を建設するだけの資金を確保することができなくなっていた。今取り組んでいるプロジェクトを最後に引退する者もいれば、事業規模を縮小する者もいた。一九九〇年から二〇〇〇年の間、中小メーカーが建設する住宅数は、継続的に、そして著しく減少していったのだ。この隙間を埋めたのが、上場している住宅メーカーである。これこそが、大手の住宅メーカーが自分たちの市場自体よりも大きく成長していることの理由である。

すぐさま、大手数社の成長率を算出してみた。一九九九年、センテックスは前年よりも二七％も多くの住宅を建設している（センテックスの決算日は三月三一日である。センテックスに関して、特定の年を記しているときは、翌年三月三一日を期末とする会計年度について述べている）。パルトが同じく二〇％、レナーが一七％である。何事かが起こっているのだ。スティックビルディングが成長産業となっていたのである。スティックビルダーは、インターネット企業並みの成長を示していたのだ。そこで私はセンテックスの利益モデルを作成することにした。同社は向こう数年間、住宅販売数が毎年一二％増大し、平均価格も年利二％上昇すると仮定した。次に、利益率に目を移す。センテックスの一九九九年の税引き前利益は、売り上げ比で八・一％であった。同社の収益が年利一四％拡大すれば、固定費に対する正のレバレッジ効果が効いて、利益率も上昇することは確実だ。私は、センテックスの税引き前利益率は二〇〇三年までには一〇％に達すると見積もった。つまり、私のモデルに従えば、同社の収益は一九九九年の六〇億八〇〇〇万ドルから、二〇〇三年には一〇一億五〇〇〇万ドルへ、税引き前利益は四億八二〇〇万ドルから一〇億一五〇〇万ドルまで増大することになる。実効税率を三五％、株式総数を一億二五〇〇万とすると、二〇〇三年の税引き後利益は一株当たり五・二五ドルとなる計算である。住宅建設業界は、成長産業（私はもう同社を「スティックビルダー」と呼ぶことはないだろう）となっているので、センテックスの評価は利益額の一二倍とした。それゆえ、株価は二〇〇三年には六三ドルとなる。この結論に到達したとき、同社の株価は一二ドルを下回る程度であった。一時たりとも待つことはできない。すぐに、住宅建設業界の知識を持つ者に話を聞いて、私のシナリオが正しいかどうか確認を始めた。私のモデルを変更しなければならない理由は見当たらなかった。次に、業界に関するウォール街のリポートを読んでみたが、上場している住宅メーカーが中小の未上場住宅メーカーの凋落のうえに成長を加速させているとするリポートは一つもなかった。つまり、私と同じアイデアを持つ者はいないようだ。そして、住宅メーカーはかつてないほど魅力的な投資機会であるとの確信を持つに至る。私は文字どおり小躍りしたものだ。居ても立ってもいられず、すぐにセンテックスと同業他社数社の株式を買い始めた。

私は、センテックスや同業他社の株式をどれだけ買うか、という問題に直面した。ポートフォリオの分散を図るにはどの程度が最適か、ということについて明確な回答はない。私の方針は、ポートフォリオの全価額のうち、一銘柄は最大で一二％まで、同一産業は二五％までとしている。その割合を計算するときには、時価ではなく取得価格を用いている。そうすることで、ポートフォリオ全体よりも早く上昇している株式のポジションを縮小させずに済むからだ。

大手住宅メーカーが中小の凋落のうえに急成長しているというわれわれの考えは独創的なものであった。創造力を最大限活用するためにはどうしたらよいか、ということに興味があるので、私は長年にわたり、ほかの人々がどのようにして独自のアイデアを生み出しているのかを学び取ろうとしてきた。いまだその解は見当たらないが、ロバート・ハリス教授の分析にあった次の一説は有益なものであろう。

創造力というのは、既存のアイデアを組み合わせ、改変し、また再適用することで新しいアイデアを生み出す力のことである。

たった一個の才能や、熱狂のなかから生み出される創造性にあふれた作品など、皆無に等しい。

創造力とはまた、その態度のことでもある。変化や新しいことを受け入れる力である。アイデアや可能性と戯れ、見解に固執することなく、楽しみ、また改善する方策を求めようとするのだ。創造力に富んだ人々というのは、他人の同意など必要としないし、また失敗を恐れることもない（ロバート・ハリス著『イントロダクション・トゥ・クリエイティブ・シンキング [Introduction to Creative Thinking]』。二〇一二年四月二日更新 http://www.virtualsalt.com/crebook1.htm）。

独創的な投資アイデアを見いだすことは難しい。考えるということは重労働なのである。思いつく投資アイデアのほとんどが、すでにほかのだれかが実践しており、株価に織り込まれてしまっているということなど、よくあることだ。原油価格が急騰すると確信するだけの理由があってても、それが投資家に広く行きわたってしまっているならば、今さら石油資源を持つ企業の株式を買っても遅いのだ。朝に、昼に、夕に、新しい独創的な投資アイデアを見つけようと努めているが、そのほとんどが失敗に終わる。それゆえ、私の調査とはたいてい退屈で、もどかしいものなのだ。たくさんのアイデアを見いだし、たくさんの企業を分析するが、良い投資アイデアなどごくごくまれなのだ。われわれが分析した企業のうち、ポートフォリオの一翼をなすようになるのは、おそらくは一％に満たないであろう。われわれのポートフォリオに組み込まれることのほうが、学生がハーバード大学に入学することより難しいのだ。しかし、心躍るようなアイデアに出合うと、すっかり興奮し、退屈でもどかしい時間を補って余りあるほどの光に満たされるのである。

上場している住宅メーカーがその成長を加速させるだろうというわれわれのアイデアは、ハリス教授の分析とも一致するものだ。つまり、われわれはU・S・ホームという古いアイデアの延長線上に新しいアイデアを生み出したのだ。スティックビルディングは魅力に乏しい景気循環株にすぎないというウォール街一般の見方に歩を合わせるつもりはない。われわれは失敗を恐れてなどいない。

二〇〇〇年半ばまでに、われわれはセンテックスとその他いくつかの住宅メーカーで大きなポジションを構築した。そのうち、センテックスが最も大きなポジションであったが、それは私がセンテックスのＣＥＯ（最高経営責任者）のラリー・ハーシュに感銘を受けたことと、同社が作る住宅の品質は高い評価を得ていたことが理由である。さて、あとはポジションを観察し、リラックスして、われわれの分析と予測が正しいことが証明されるのを待つばかりだ。われわれは株式を買ったり、売ったりするときが一番リラックスでき、売買していないときのほうがリラックスできずにいることを記しておかなければならない。これには理由がある。グリーンヘイブンの目標は、年率一五～二〇％の平均リターンを獲得することである。われわれも間違いを犯すので、このリターンを達成するためには、それが年利三〇％ほどのリターンをもたらす可能性があると確信できないかぎりは株式を買わないのだ。株式を買ったあとは、二つの可能性がある。これはめったにないことだが、株式は年利三〇％ほどの上昇を始める。この場合、われわれは安心して、笑顔でいることができる。一方、たいていの場合は、株式は年利三〇％ほどには上昇せず、この場合、われわれは失望し、イライラすることになる。

考慮すべきことがもう一つある。われわれは、期待を超えた株式を売り、いまだ期待に応えられずにいる株式を保有する傾向がある。それゆえ、われわれは勝者を売ってしまうので、ある時点でのポートフォリオはわれわれの期待に後れを取っている株式ばかりが多くを占めるようになる。そのような株式を保有していて楽しいわけも、リラックスできるわけもない。

住宅メーカーに対する投資は大規模なものとなったため、向こう数年間にわたり、われわれは継続的かつ慎重に、企業の行く末を観察しなければならなかった。大手住宅メーカーが市場シェアを獲得し続けていれば、私はおおむね満足であった。センテックスの二〇〇三年の住宅販売数は、一九九九年よりも六一％も多いものであった。さらに、センテックスの税引き前利益は一一・一％増大し、ＥＰＳは一九九九年の二・一一ドルから、二〇〇三年には六・〇一ドルまで増大した。この利益の急拡大を受けて、同社の株価は四〇ドル近くまで上昇した。これはわれわれが三年前に買ったときの価格の三倍を超えるものである。しかし、ＰＥＲはいまだ一〇倍を超えることはなかった。これは期待外れであり、また謎でもあった。

二〇〇三年七月半ばの蒸し暑い日、私は興味をそそられるある数字を見つけた。アメリカ国勢調査局は、アメリカ国内で建設される住宅件数の統計を取っている。毎月一二営業日に、当局は前月の統計を発表するのだ。季節調整済みの六月のデータでは、新規住宅着工件数が前月比六・七％増の一八六万七〇〇〇件で、前年同月比では八・七％増である。アメリカの人口増加と同程度の成長しか期待し得ない業界にしてみれば、大きな増大である。どうやら鍵は、経済全般と住宅ローンの利率にあるようだ。一九九〇年代後半、ハイテク株のブームがあった。実際に、ブームはバブルにまで発展したのだ。バブルによって膨んだ富は、経済を強化した。そして、強化された経済は金利の上昇を引き起こす。三〇年固定の住宅ローン金利は、一九九七年の七％程度から二〇〇〇年には八％ほどへ上昇。そして、ハイテク株バブルははじけ、経済は悪化する。三〇年固定の住宅ローン金利は、二〇〇一年初頭には再び七％まで下落する。九月一一日のテロ攻撃は、経済にとっては第二の、そしてより強烈な打撃となる。テロ攻撃の直後、多くのアメリカ人が旅行や高額商品の購入を控える雰囲気になっていた。経済の低迷を受けて、ＦＲＢ（米連邦準備制度理事会）は金利を一気に切り下げていく。九〇日ものの T ビル金利は、テロ直前の三・五％から二〇〇一年末までには一・七％まで下落する。テロ直後には七％であった三〇年固定の住宅ローン金利は、一年後には六％に、そして二〇〇三年中旬までには五・二％まで下落する。住宅ローン金利が五・二％であれば、新たな住宅購入は今までにないくらいに手ごろなものとなる。多くの家計がこの機をとらえたことが、住宅への新たな需要が通常の水準を超えて増大した理由であることは明白であった。

一時に建設できる住宅の数は、許可や分譲地の制約などにより限られてしまう。地元の反対などもあり、更地を開発する許可を得るには数年を要することもあるのだ。反対の理由が環境への影響であったりすると、これがまた厄介なものとなる。私はかつて、地元住民が水路に生息していて、その地を横断するカエルの家族の生態への懸念を表明したがために、数年間も住宅開発が遅れたという記事を読んだことがある。私の不躾な提案は、カエルの脚などソテーにしてしまえ、というものだが、これはあくまで冗談であるにしても、地元の自然保護活動家が懸念していたのはカエルの脚ではないことは明らかで、彼らは反対運動を法廷にまで持ち込んだ。

開発許可とその実行には時間がかかることもあり、二〇〇三年半ばまでに、新築住宅に対する需要は分譲地の開発を上回る速さで増大した。その結果、全米各地で新築住宅が不足する事態となったのである。やっと新たな住宅地が開発され、注文に応じる準備が整っても、購入希望者のほうが販売される住宅数よりも多いということがしばしば見られた。販売所の前には長い行列ができた。行列の先頭のほうには、分譲地で数日間キャンプを張った家族もいたくらいだ。需要が供給を上回れば、当然ながら住宅価格は異常な上昇を始める。新聞各紙は、価格上昇の記事を掲載し始めた。多くのジャーナリストやエコノミストたちが、住宅価格はしばらくの間、大幅な上昇を続けるだろうと予測する。この予測を受けて、さらに多くの人々が、価格がさらに上昇してしまう前に新たに住宅を購入してしまおうと動き出す。こうして、ブームは自己増殖を始めるのだ。二〇〇三年秋までに、季節調整済みの住宅着工件数は、年換算で二〇〇万件に達する。分譲地がさらに増加すれば、それだけ着工件数も増えたであろう。

一見直観に反しているかもしれないが、突然巻き起こったこの戸建て住宅ブームに私は不満だった。全米の新築住宅需要は、通常一六〇万件程度だと理解している。アメリカに住む人々のうち、住宅を必要とする者の数はある程度決まっているので、年間の平均需要も長い間変わらないと考えている。反抗的で、わがままなティーンエージャーが、両親が嫌だからと言って、実家を飛び出し、広告にあるような、「使いやすい間取りの四ベッドルーム、バスルームが三・五部屋（一部屋はシャワーのみ）、主寝室の天井は聖堂のような装飾が施されている。自然保護区に連なる〇・八エーカーの美しい庭、近隣には全国的な評価を受ける学校があり、買い物にも便利」な住宅を購入することなどあり得ないであろう。住宅着工件数が二〇〇万件ということは、必要以上の住宅が建設されていることは明らかである。目の前のお手ごろ感と、今後も価格上昇は続くという期待によって、将来の需要が先食いされているにすぎなかったのだ。二〇〇一年から二〇〇二年にかけての不況期に繰り延べられた住宅需要があったのかもしれないが、二〇〇三年の水準での住宅建設が続くならば、遅かれ早かれ、売れない住宅は余剰となり、住宅産業は下降局面に突入するであろう。センテックスやほかの住宅メーカーを買ったとき、われわれは彼らが市場シェアを獲得することで、何年間も安定的に二桁成長をしてくれればよいと考えていた。退屈なスティックビルダーではなく、成長株だと認識されることで高いＰＥＲを付けてくれればよいと考えていた。しかし、業界自体が下降局面に入ってしまえば、利益も減少し、ＰＥＲも低下する厳しい時期を過ごさなければならなくなる。それゆえ私は、新築住宅への需要が急拡大したことに不満であったのだ。

住宅ブームは二〇〇四年から二〇〇五年まで続いた。センテックスは引き続き、このブームの恩恵に浴することになる。同社は二〇〇五年には三万九〇〇〇件を販売する予定であったが、過去の実績は、二〇〇三年が三万三五八件、一九九九年が一万八九〇四件である。さらに、二〇〇五年の税引き前利益率は一四％を超え、ＥＰＳも九ドル以上となる見通しであった。センテックスは急拡大中であったのだ。

二〇〇五年秋、センテックスの株価は七〇ドルを付けることになる。われわれは同社の投資から六倍近い利益を獲得していることになる。私は有頂天になって然るべきであったが、実際にはそうならなかった。株式はいまだPER一〇倍を大幅に下回る水準で取引されていた。さらに、住宅ブームが永遠に続くわけもなく、それが終わりを告げれば、センテックスの利益は一気に減少するであろう。また同社は、住宅メーカーの需要が強いこと、カエルやほかの環境面での懸念から供給に限界があることで不動産価格が急騰しているときに、積極的に土地を取得していったのである。二〇〇四年末時点で、センテックスは二〇〇三年末よりも二五％多い、九万六九四五件の分譲地を保有していた。買収資金を調達するために、センテックスの純負債額は二〇〇四年だけで五億ドルも増えたのである。同社は危険かつ大きな間違いを犯していると私は考えていた。住宅産業が異常なまでに好調なときにこそ、センテックスは現金を蓄え、高値の土地の取得を最小限にとどめるべきであったのだ。住宅メーカーの株式を保有するリスクは明らかに高まっていた。彼らは再びスティックビルダーに成り下がり、私はポジションの解消を始めた。

私はセンテックスの経営陣と話をしなければならなかった。ハーシュは二〇〇四年に勇退し、ティム・エラーがCEOを務めていた。私はエラーに電話をかけ、一一月一五日に彼と会う約束を取り付けた。かつてパルト・ホームのCEOを務め、私とともにインターステート・ベーカリーズの取締役を務めたジム・グロスフェルトに同行してもらうことにした。エラーとの面会は大荒れであった。私は、住宅建設が持続不可能なほどに高い水準にあるときに、高い価格を支払って土地を取得するセンテックスの戦略の裏にはどのような考えがあるのか、理解しようとした。私にしてみれば、全米で建設されている住宅数は過剰であり、やがて調整され、住宅価格は下落するであろうことは明白であった。センテックスが最高値でつかんだ土地に建設した新しい住宅に低い価格しか付けられないのであれば、同社は営業損失をこうむらざるを得なくなり、企業価値は毀損するであろう。エラーは私の考えには同意しなかった。彼は、大手住宅メーカーは今後も市場シェアを獲得し続け、それゆえセンテックスは取得している土地のすべてが必要なのだという立場を固辞した。住宅価格が下落することなどあり得ないと彼は考えていたのだ。住宅価格はこれまでにも下落したことはないと言う。私はこの考えに猛反発した。過去のトレンドをそのまま将来に適用するのは危険である。これは車のバックミラーを見ながら運転するようなものだ（道路がまっすぐである間は大丈夫かもしれないが、車がカーブに差し掛かれば大惨事となる）。われわれは意見の一致を見ないことを確認しあった。私は不満であった。腹立たしかった。私の父は、頭に来たときはゆっくり一〇秒数えなさい、そうすれば怒りは消え去る、といつも言っていたものだ。私はゆっくりと一〇数えた。まだ怒りは消えない。改めて一〇数える。まだダメだ。大手住宅メーカーは市場シェアを獲得し続けており、現在の利益額に比べれば株価は低いが、売れ残った住宅が過剰在庫となることで事業が下降局面に突入でもしたら、資本を永久喪失するリスクが大きくなる。エラーはそのリスクに気づかずにいるようだ。

私は住宅メーカーのポジションをすべて解消することを決めた。新築住宅に対する需要が弱まる兆候を待ってはいられなかったのだ。株式を売買するときはいつでも、われわれは事態の変化に先駆けて行動するよう努めている。二〇〇六年初頭にはすべての保有株式を売却することができた。センテックス株はおよそ七〇ドル、購入価格の六倍ほどで売却した。投資は大成功であったが、もし住宅バブルが発生しなければ、やがて住宅メーカーは市場の評価を獲得し、より高いPERを達成したであろうから、われわれももっと大きな収益を得られたであろうと思う。

住宅メーカーへの投資の結果については満足しているが、私はどこか満たされないものを感じていた。私はいつもそうなのだ。楽観的であるのだが、それと同時に、もっとうまくやれなかったことに不満なのだ。こうも言える。私は向上する努力を続けないと満足できないのだ。向上したいという欲求は人間の行動の一部であろうし、少なくとも私の一部である。

バブル崩壊後の住宅危機は、私の想像を上回るほどひどいものであった。この危機はだれのせいなのか。リスクの高いモーゲージを無定見に売り込んだ銀行、ウォール街の投資会社、ブローカーに責任の一端があることはたしかであろう。事業のファンダメンタルズに対する判断を誤り、過剰に事業を拡大した住宅メーカーにも責任がある。しかし、住宅に異常な高値を付けた多くの人々にも問題はある。二〇〇二年の合理的な価格では住宅を購入することにまるで興味を示さなかったのに、二〇〇五年になると住宅価格は上昇を続けると信じ込んで、野営までして高い価格を支払ったトムとジェーン・スミスにも責任の一端はあるのだ。アメリカ国勢調査局のデータによれば、新築の戸建て住宅の平均価格は、二〇〇二年の二二万八七〇〇ドルから、二〇〇五年には二九万二二〇〇ドルへと上昇した。インフレを調整しても、トムとジェーン・スミスはあまりに高い価格を支払いすぎだ。さらに言えば、二〇〇二年時点での価値を大幅に上回る住宅ローンを組んで購入資金を調達したのであろう。それは、住宅バブルが弾けた後の価値をも上回るものであっただろう。金融危機が発生するのも不思議ではない。私に言わせれば、欲深い銀行家とウォール街の連中が住宅ならびに金融危機の一因であるが、二〇〇四年から二〇〇六年に高値で住宅を購入した人々にこそ危機の根本的原因があるのだ。トムとジェーン・スミスの分別のなさを非難するのは的外れだったかも知れないが。

センテックスやほかの住宅メーカーの株式を売却し、大きな利益を獲得した数カ月後、私は不動産事業に従事している顧客のビル・サマーから憂鬱な電話をもらった。住宅メーカーへの投資で大きなキャピタルゲインが実現したため、彼は今、巨額の税金の請求を受けていると不満を漏らすのだ。彼は政府に税金を収めたくはないし、さらには、自身の不動産事業において税の支払いを永遠に繰り延べる方法を見つけたというのだ。私に対しても、彼のポートフォリオを見直し、含み損のある株式をすべて売却して、実現益と相殺してほしいと言う。私は、幸運にも大きな含み損を抱えていないと説明した。さらに、株式を売却しても、三一日後に改めて買ったら、顧客の取得原価が下がることになり、最終的に株式を売却したときにはより大きな利益が実現してしまう。含み損を実現させて税金を相殺しても、やがてより大きな利益が実現してしまうのだ、と。グリーンヘイブンは通常、二～四年ほど株式を保有する。それゆえ、税務上の損金を得るためだけに株式を売る顧客は、利益を数年間繰り延べることになるのだ。さらに、含み損を実現させるために魅力的な株式を売却することには、明白な不利益がある。株式を売買すれば、取引費用が発生する。また、株式市場には上向きのバイアスがあるので、総じていえば、三一日間株式を保有せずにいると失うものも大きいのだ。さらに、これは重要なことであるが、株式を売り、再び買う場合、そこから生まれる利益が長期的なキャピタルゲインだとみなされるためには、再び買ったあと、最短でも一年と一日保有しなければならない。もしわれわれが、再び買った日から一年が経過する以前に、株式を売却しなければならなくなったとしたら、そこから得た利益には通常の税率が適用されてしまうのだ。それゆえ、税務上の損金を得るために売っても、実際に顧客は政府から無償で資金を借りているだけにすぎず、そうすることの不利益は、目の前の利益よりも大きなものとなる。私はサマーにそう説明したのだ。

数日後、サマーは改めて電話をかけてきて、税金の請求に不平をこぼし続けていた。われわれの責務は顧客の利益を最大化するために投資判断を下すことであり、損金を生むために売ることは簡単なことではあるけれども、われわれにとっては時間の無駄なのだと説明した。税金を支払わないことが投資の主たる目的なのだとしたら、グリーンヘイブンとは縁を切ったほうが良いだろうと私は提案した。そして、サマーは去っていった。

第7章 ユニオン・パシフィック鉄道

紀元前二〇〇〇年ごろ、馬の家畜化が始まり、輸送に用いられるようになった。馬は、ほどほどの距離であれば、時速五マイルほどで移動することができる。その後の三八〇〇年間、輸送に関する技術革新は皆無に等しかった。一八〇〇年になっても、馬が陸上輸送の主たる手段であり、相変わらず時速五マイルであった。つまり、三八〇〇年も進歩がなかったのだ。

ジェームズ・ワットが効率的な蒸気機関を開発した一七六九年、やっとすべてが変わり始めた。蒸気機関はもともと、ポンプや工業用機械の動力源として用いられていたが、発明家たちはすぐにその可能性に着目し、船の動力源として用いるようになる。一七八七年には、起業家たちが数多くの蒸気船を建設するが、一八〇七年八月七日、「クラーモント号」がニューヨークからオルバニーまでの一五〇マイルを三二時間で航行すると、ロバート・フルトンが蒸気船の父の名を獲得することになる。ただし、いまだに平均速度は時速五マイル程度だった。

蒸気機関を船の動力源として利用できるのであれば、鉄道にも使えないことはあるまい。そして、一八一四年、ジョージ・スチーブンソンなるイギリスの労働者が世界初の蒸気機関車を開発する。鉱山から石炭を運び出すのがその蒸気機関車の目的であった。一一年後、世界初の公共鉄道であるストックトン・アンド・ダーリントン鉄道が設立される。スチーブンソンがストックトン・アンド・ダーリントン鉄道向けに設計した機関車は、石炭用貨車六両と小さな旅客車両二一両を引き、九マイルほどの距離をおよそ一時間で走った。つまり、馬のおよそ二倍の速さということになる。

アメリカでは、ボルティモア市がエリー運河に競合するために、オハイオまでの鉄道建設を決断する。エリー運河は当時、中西部の農場を発する輸送路としては最も安価な手段であったのだ。一八二八年七月四日、当時、独立宣言に署名した唯一の生存者であったチャールズ・キャロルが、ボルティモア・アンド・オハイオ鉄道（B&O）の建設開始を祝い、鍬入れの儀を行った。一八三〇年初頭、ボルティモア・アンド・オハイオ鉄道はアメリカ初の商業鉄道として、一三マイルの操業を開始した。しかし、オハイオまでの路線延長はなかなか進まなかった。橋を架け、トンネルを掘らなければならなかったのだ。一八六八年、ボルティモア・アンド・オハイオ鉄道はやっとオハイオ川まで到達する。そして、この川に橋を架けるまでにさらに三年を要した。そして、一八七一年、ついに鉄道はオハイオの農業地帯まで到達することになる。

一八三〇年代から一八四〇年代にかけてのボルティモア・アンド・オハイオ鉄道の商業的成功は、すぐに鉄道建設ブームに火をつけることになる。一八四〇年までに、およそ三〇〇〇マイルの鉄道が操業される。これが一八六〇年までには三万マイルまで延長された。一八一五年から一八六〇年の間に、農作物や工業製品の長距離輸送費用は、実に九五％も低下したのだ。一八六〇年になると、鉄道は平均時速二〇マイルで、二四時間走れるようになっていた。長距離移動に馬が用いられることはなくなった。鉄道は輸送に革命をもたらしたのだ。いわば、当時のインターネットである。

鉄道の成長と潜在的な収益力は、すぐにコーネリアス・バンダービルト、エドワード・ハリマン、ジェイ・グールドといった富裕な実業家や投機家の目に留まる。彼らは、地域の鉄道網を買収し、地域独占を敷いて、高い運賃を設定しようとした。一八八七年、多くの農家や鉄道利用者からの高運賃に対する苦情を受けたアメリカ議会は、州際通商法を成立させ、鉄道を連邦の規制下に置いた。この法律によって、五人からなる州際通商委員会（ICC）が設置され、運賃をはじめとする鉄道のさまざまな点に規制を課す権限が与えられることになる。

鉄道はその後も成長を続け、自動車が鉄道による旅客輸送を侵食し始める一九二〇年代までは繁栄を享受していた。しかし、一九三〇年代になると、鉄道は大恐慌から大きな損害を被ることになる。一九二八年から一九三三年の間に、鉄道会社の収益は半減し、一九三七年までには、その多くが管財人の管理下に入ることになる。第二次世界大戦が勃発すると、鉄道業界全体が窮地に追い込まれる。一九四二年から一九四五年における軍事関連の輸送は、追い詰められた業界にとっては救済となったが、それも一時的なものでしかなかった。戦争が終結すると、すぐに州間幹線道路の建設が始まり、トラックが鉄道よりも競争上優位となる。一九七〇年代半ばまでには、一九三〇年当時で七五％もあった、都市間の貨物運送における鉄道のシェアは三五％にまで低下してしまう。鉄道を用いた旅客輸送も戦後著しく減少したが、これは州間幹線道路の建設とともに、ジェット飛行機の商業化によるところが大きい。

過剰かつ、ずさんな規制も、鉄道の苦境にさらなる追い打ちをかけた。運賃を設定していたのはＩＣＣである。農家を保護するため、穀物や他の農産物にかかる運賃を全般的に低く抑え、一方で工業製品の運賃を高く維持した。そのため、製造業者の多くは、高い運賃を嫌って、トラックによる輸送に切り替えることになる。つまり、鉄道は逆選択を受けることになったのだ。鉄道会社は、もっとも収益力のある荷主をトラックに奪われ、ほとんど利益の出ない農産物の荷主ばかりを抱え込むことになる。さらに、ＩＣＣによる過剰なまでの規制によって、ユニット・トレインなどの効率的な手段を導入できずにいた。

鉄道会社は苦境に立つ。一九六〇年代から一九七〇年代にかけて、その多くが倒産し、一九七〇年六月二一日には、かつては隆盛を極めた全米最大かつ最も重要な鉄道会社であったペン・セントラル鉄道が破綻する。アメリカ政府も改革の必要性にやっと気づいた。一九七八年、アメリカ運輸省は次のように述べた。「鉄道にかかる現在の規制体系は、（中略）一貫性を欠いた、時代錯誤な規制の寄せ集めにすぎず、もはや鉄道をめぐる現在の経済情勢や、複合輸送、また時に相矛盾する荷主、消費者、納税者の要請とは相いれないものとなっている」（「A Short History of U.S. Freight Railroads」paper by the Policy and Economics Department of the Association of American Railroads, April 2013, page 5）。

一九八〇年、下院州際・対外通商委員会の委員長であるハーレイ・スタガーズが、鉄道の規制緩和を行う法律を導入する。スタガーズ鉄道法によって、有効な競争が存在しないとＩＣＣが判断した場合を除いて、鉄道会社は自由に運賃を設定することができるようになった。不採算路線は廃止された。収益が増大し、将来の見通しも立つようになると、鉄道会社は近代化に資金を投入するようになる。新しい機関車、貨物車両、線路、自動制御システムやコンピューターが導入され、費用も削減され、信頼性も高まっていった。事業の効率化によって、鉄道会社は運賃を下げることが可能となり、トラックや荷船に対する競争力を得るようになる。アメリカ鉄道協会によると、インフレを調整し、二〇一二年のドル価に換算した平均運賃は、一九八一年の貨物マイル当たり〇・〇七ドルから、二〇〇三年には同〇・〇三ドルまで低下した。驚くべき下落幅である。

一九八〇年代、九〇年代、鉄道業界は合併買収を通じて効率性を高めていった。西部では、バーリントン・ノーザンがサンタ・フェと、ユニオン・パシフィックがサザン・パシフィックと合併する。合併の結果、アメリカの西半分では、大手二社だけが操業を続けることとなった。合併によって規模の効率性が働いたことと、競争がなくなったことで、バーリントン・ノーザン・サンタ・フェもユニオン・パシフィックも、運賃を引き下げながら、利益を安定させることができるようになっていた。

二〇〇一年から二〇〇二年にかけての不況期、ユニオン・パシフィックの経営陣は、景気後退の影響を和らげるため、鉄道の費用削減に乗り出した。従業員数は、二〇〇〇年の約五万五〇〇〇人から、二〇〇三年には八・一％削減し、およそ四万六四〇〇人となった。費用の削減によって、二〇〇三年、鉄道会社は二〇〇〇年よりも大きな利益を獲得することができた。しかし、二〇〇四年になって鉄道輸送への需要が増大すると、処理能力が不足し、多くの路線で混乱が生じるようになってしまう。言ってみれば、ラッシュアワー時の高速道路の渋滞のようだ。交通量が増えれば増えるほど、渋滞するわけだ。ユニオン・パシフィックの混乱は、収益の低下につながってしまう。同社の鉄道は、目的地までより長い時間がかかってしまうのだ。鉄道の収益は、貨物マイルの関数であるが、費用の多く、特に労賃は時間の関数なのである。遅れが生じれば生じるほど、費用が大きくなるわけだ。さらに、ユニオン・パシフィックは、通常を大幅に上回る数の新しい従業員を雇い入れ、訓練しなければならず、また増大した需要に応えるために引っ張り出してきた古い機関車の修理、補修にも多額の資金を必要とした。

二〇〇四年上半期、同社の利益が予想を下回ることに投資家は気づきだした。二〇〇三年の最終取引日、ユニオン・パシフィックの株価は一七・三七ドルであった（一株当たりのデータは、すべてその後の株式分割の影響を反映させてある）。それが、二〇〇四年六月三〇日には、一四・八六ドルとなる。六カ月で一四・五％の下落だ。同時期、バーリントン・ノーザン・サンタ・フェ株は、八・四％上昇していたのである。

われわれには、ユニオン・パシフィックの渋滞問題も、数年以内に解決するであろうと思われた。新しい従業員を雇用し、訓練すればよい。新しい機関車を購入して、混雑している路線を利用する車両を減らし、混雑状況のひどいところには新しい線路を敷設すればよい。混雑解消は、難しい仕事ではなかろう。また、鉄道交通の市場は堅調で、今後少なくともある程度の拡大は期待できるだろう。われわれは、ユニオン・パシフィックが現在の問題を解決し、適度な成長を示すという前提で、二〇〇六年度の利益モデルを構築した。これらの前提に基づくと、われわれのモデルでは、二〇〇六年のユニオン・パシフィックのＥＰＳ（一株当たりの利益）は一・五五ドルと予測される。比較のため、二〇〇四年の利益は一株当たり〇・七〇ドルほどと予測した。私は、ユニオン・パシフィック株を利益の一四倍と、保守的に評価することにした。それゆえ、二〇〇六年の株価は二二ドル程度ということになる。さらに、同社は〇・三〇ドルの年間配当を支払っていた。配当を勘案すれば、その時点で一四・五〇ドルを付けているユニオン・パシフィック株は、二〇〇四年から二〇〇六年の二年間で、五五％のトータルリターンをもたらすと結論することができる。私は株式を買うことに決めた。特段面白い投資機会だとは思われなかったが、二〇〇三年は株式市場も、われわれの保有株も好調で、それ以上に魅力的な選択肢がなかったのである。さらに、重要なことに、ユニオン・パシフィック株には、資本を大きく永久喪失するリスクはないと確信したのだ。同社の簿価は一二ドルである。バランスシート（貸借対照表）も極めて健全であった。さらに、同社はバーリントン・ノーザンとともに、今後もアメリカにとって不可欠な業界において、全米の西半分を複占しているのだ。

キャッシュよりも、ユニオン・パシフィック株を保有したほうが良いと考える理由はほかにもあった。過去数十年にわたり、株式市場はS&P五〇〇指数でみると、年平均九・五〇％程度のトータルリターンをもたらしており、向こう数十年も同程度のリターンをもたらすと予測して然るべきだと考えている（一九六〇～二〇一〇年までの五〇年間で、S&P五〇〇指数を構成する銘柄の利益率は、平均すると年利六・八％ほどであり、配当利回りの平均は三％弱であった。長期的に見れば、アメリカ経済は今後も六％程度［半分は実成長から、残りの半分はインフレーションから］の成長を示すことが予想されるし、企業買収や自社株買いも含めれば、一株当たりの成長率は七％近くなると考えられる。配当を含めれば、九～一〇％程度のトータルリターンとなっても、驚くに値しない）。株式を買うにあたっては、われわれはその銘柄が株式市場全体よりも大きく上昇すると信じている。では、もしわれわれが間違いを犯し、その銘柄が市場と同程度にしか上昇しなかったとしたらどうか。その銘柄が一般的なものであれば、年利九・五〇％程度のリターンは生み出すわけで、キャッシュを保有するよりもよほど良いのだ。

株式の空売りが失敗に終わるのは、株式市場には九・五〇％の長期的な上向きバイアスがあるからだと前述した。空売りをする者が、年利九・五〇％のリターンをもたらす市場と同程度の成果を得ようと思うのであれば、少なくとも年に九・五〇％下落するか、市場を一九％下回る株式を見つけなければならない。株式市場を一九％も上回る成果を上げられる投資家など世界にほとんどいないわけで、それゆえ、市場を一九％も下回る株式を見いだせる投資家も多くはないと私は想像するのだ。さらに、株式を買うのであれば、最大の損失額は投下した資本だけであるが、利益の上限には限りがない。しかし、株式を空売りすれば、損失の額は株式が突如上昇でもしようものなら限りなく増大する一方で、利益の上限は投資した価額と同程度に限られてしまう。それゆえ、個別株や市場全体が急落するタイミングを正確に予見できる特殊な能力を持つ一握りの投資家を除いて、株式を空売りすることは悲惨な結果になると私は考えているのだ。

質の高い株式を保有する理由がもう一つある。そういった株式は、時に予期しない出来事から利益をもたらすことがあるのだ。それが、私のかつての上司であるアーサー・ロスが、質の高い株式を保有するよう、繰り返し私に忠告した理由でもある。そしてこう言ったものだ。「ゲームを続けるのだ。ゲームを続けるのだよ、エド」（覚えているだろうか、ロスは強調したいことを必ず二回は繰り返すのだ）。

ユニオン・パシフィックの場合も、われわれは予期しない出来事から大きな利益を得た。それは、ディーゼル燃料の価格に関するものである。われわれがユニオン・パシフィック株のポジションを構築したとき、ディーゼル燃料は一ガロン当たり一・五〇ドルを少々上回る水準であった。その後数年間、ディーゼル燃料の価格は一本調子に上昇し、二〇〇八年には一ガロン当たり四・七〇ドルもの高値まで上昇する。鉄道の燃料効率は、トラックの三～四倍というのが相場である。それゆえ、燃料費の上昇を相殺するためには、トラック運送会社は鉄道会社よりも急激に運賃を引き上げざるを得ない。トラック会社の運賃が急騰すれば、荷主はトラックから鉄道に切り替えようとする。鉄道への需要が増大すると、ユニオン・パシフィックには二つの影響がある。

①需要が供給を上回り、かつトラックが競争力を低下させると、ユニオン・パシフィックは燃料費の上昇を相殺してあまりあるだけの運賃の引き上げが可能となる。

②輸送量の増大によって、ユニオン・パシフィックが増大させなければならない処理能力も増大するため、混雑問題の解決が遅れる。

ユニオン・パシフィック株を買ったあと、われわれは同社の進展をじっと観察していた。当初から、同社はわれわれが予測したよりも大きな運賃の上昇を享受していたが、一方で、混雑問題は予想以上に厄介なものであった。運賃の大幅な上昇は今後も続くであろうし、混雑問題も遅かれ早かれ解決するであろうが、そうなれば同社の利益も株価も増大するであろう。われわれは、同社への投資にすっかり心を躍らせていた。そして、予想される運賃の上昇から利を得るであろうほかの鉄道会社の株式も買ったのである。

ウォール街はわれわれとは異なる意見を持っていた。二〇〇五年七月一三日、ユニオン・パシフィックの株価がおよそ一六ドルを付けていたとき、J・P・モルガンのアナリストは同社株式を格下げし、アンダーウエートとした。これはウォール街用語で、売るべしという意味である。この弱気な提案にもかかわらず、アナリストが同社の長期的な見通しに好意的なコメントを記していることに私は興味をそそられた。彼は、ユニオン・パシフィックの優れた路線構造と顧客獲得の優位性について記していたのだ。さらに、これらの強みが堅実な利益率、利益、そしてキャッシュフローをもたらすであろうとも記している。しかし、アナリストが懸念したのは、直近の処理能力の制約であり、それによる非効率な運営が短期的な問題を引き起こし、利益予想を達成することができず、その解決には、少なくとも数四半期はかかるであろうということであった。簡潔に言えば、アナリストは業績が回復するまでに「数四半期」も待てない、というわけだ。われわれは待つことができる。

二〇〇七年半ばまでに、ユニオン・パシフィックは混雑の解消から大きな利益を獲得し始めていた。六月三〇日を末とする四半期、同社の平均輸送速度は一時間当たり二一・六マイルとなり、前年同期の二一・二マイルよりも向上した。二〇〇七年六月を末とする四半期の滞留時間（列車がターミナル駅に留まる平均時間）は二四・七時間であり、前年同期の二七・六時間から大幅に改善している。二〇〇七年上半期の利益額は、いくつかの州でトラックや橋を押し流してしまった鉄砲水の被害にもかかわらず、前年同期比で一九％も増大した。二〇〇七年度の利益予想は、一株当たり一・五〇ドルほどと、二〇〇四年の〇・七七ドルという業績から急激に回復していた。ウォール街のアナリストたちも、同社の見通しを好感するようになり、株価も三〇ドルを超えるまで上昇した。

二〇〇五年半ば、一六ドルでアンダーウエートを推奨していた同じアナリストが、株価予想を三一・五〇ドルとしているのを見ておかしくなった。二〇〇六年七月一七日付けのリポートで、アナリストは、ユニオン・パシフィックの明るい見通しはたしかなものであり、同社はほかの鉄道会社よりも強力な価格決定力を持ち、効率性をさらに高める機会に恵まれている、というのだ。皮肉なことに、二〇〇五年半ばに同社の株式は買うなと言ったその理由が、二〇〇七年半ばには買い推奨の理由となったわけだ。同社の株式には大きな上昇余地が見てとれる、彼はそう結論づけたのだ。

私は、定期的にグリーンヘイブンの仲間と、われわれの投資アイデアや保有株について議論する。二〇〇七年半ばまでに、ほかの多くの投資家が、ユニオン・パシフィックは大幅な運賃上昇と事業の効率化から利益を獲得していると考えるようになったことが、われわれには明らかであった。それゆえ、ユニオン・パシフィック株の将来性の多くは、株価に反映されているであろうとの結論に至った。そして、定期会議において、保有株を徐々に売っていくことを決定したのだ。二〇〇七年末までに、保有株のほとんどを平均株価三一ドルほどで売った。同社株式を保有したのは、およそ三・七年である。この間、株価はおよそ二倍となり、一株当たり一・〇五ドルの配当も受け取った。受取配当も含めると、年利二四％近いリターンを獲得したことになる。

ユニオン・パシフィック株を一六ドルでアンダーウエートと推奨したJ・P・モルガンのアナリストは間違いだったのだ。その後、株価は二〇〇八年九月まで、堅調に上昇したのである。私は長年見ているが、ウォール街のアナリストの推奨は誤りであることのほうが多いようだ。ウォール街で最も有名な会社に口座を持っていた投資家から聞いたことだが、彼らは自社のオーバーウエートのリストに載った株式をすぐに買い、リストから外されると即座に売るという。数年間この方法に従ったあと、この投資家は最も有名な会社の口座を閉じたらしい。その理由は、結果が惨憺たるものであったからだ。

なぜアナリストは、低レベルな銘柄選択しかできないのだろうか。ほとんどのアナリストが観察している産業は、せいぜい二～三つというところであり、カバーしている企業のことはよく知っている。しかし、知識と判断には大きな違いがあるのだ。知識とは、トマトは果物だと知っているかどうかであり、判断とはトマトをフルーツサラダに入れるかどうか、ということだ。優れた判断を下すためには、知識を持つことは不可欠であるが、私に言わせれば、常識や安定した感情、自信、そして漠然としてはいるが、第六感といった素養を持つことも大切である。

さらに、証券アナリストも含めたほとんどの個人投資家にとって、将来変化が起こると予想するよりも、現在のファンダメンタルズがそのまま将来も継続すると予想するほうが安心のようなのだ。現在のファンダメンタルズというのは既知の情報に基づくものであるが、将来のファンダメンタルズが依拠するのは未知の情報である。まだ見えない将来を予測するためには、徹底的に考え、可能性を分析し、そして時には危険をも冒さなければならない。言わば、人類ができれば避けたいと考えている努力をすることだ。

また、証券アナリストが、現状では業績が振るわず、評判も悪い企業や産業を推奨することは難しかろうと私は考えている。証券アナリストは、株式を推奨する前に業績が向上するという目に見える証拠を欲しがるものなのだ。人生は嵐が通り過ぎるのを待つことではない、というのが私の哲学である。人生とは雨に歌うものなのだ。天気図を見て、いつごろ嵐が過ぎるかをある程度予測することはできる。太陽が顔をのぞかせるのを待っていたら、だれかが先に反応し、株価は上昇してしまっている可能性が高いであろう。そうして、大きな利益を獲得できる機会を見逃すのだ。

嵐が過ぎるのを待つべきではないことを示す格好の記事がある。それは、二〇〇八年一〇月一七日、金融危機のさなかに、ウォーレン・バフェットがニューヨーク・タイムズに寄稿した論説である。バフェットは次のように記している。

株を買うときに、私が従う簡潔なルールがある。それは、「他人がガツガツしているときは慎重に、他人が慎重になっているときは、貪欲にあれ」というものだ。今、はびこっているのは恐れであり、熟練した投資家ですらその恐れにとらわれている。投資家が、レバレッジの高い企業や競争力のない事業を警戒するのは当然である。しかし、わが国の、数多くの健全な企業の長期的な見通しに対して恐れを抱くのは、無意味であろう。こういった企業でも、しゃっくりを起こすことなど当たり前で、彼らはやがて、五年、一〇年、二〇年先にまた利益の記録を更新することだろう。ここでひとつだけはっきりさせておきたい。私は、株式市場の短期的な動きを予測することはできない。株式が一カ月後、または一年後に上がっているか、下がっているか、ぼんやりとも分からない。しかし、おそらく市場は上昇するであろう。それも、センチメントや経済が上向くよりも先に、大きく上昇するであろう。コマドリの到来を待っていたら、春は終わってしまうのだ。

第8章 アメリカン・インターナショナル・グループ

ウォーレン・バフェットの言葉である。「私は醜い女性とベッドに入ったことは一度もないが、目を覚ましてみるとそうではなかったことが幾度かある」（二〇〇七年の「バークシャー・ハサウェイ・アニュアル・リポート」の九ページより）。われわれにとってはAIGがそうであった。

一九九八年から二〇〇〇年にかけてのハイテクバブルが、AIG株を買った第一の間接的な理由であった。二〇〇〇年、バブルは崩壊し、株式市場は急落を始めた。ハイテク株が多いナスダック指数は、二〇〇〇年三月一〇日に付けた五〇四八の高値から、二〇〇二年一〇月九日には一一一四まで下落した。実に七八％の下落である。株式市場全体を広く代表しているS&P五〇〇指数は、二〇〇〇年九月一日の一五二一から、二〇〇三年三月一一日には八〇一まで下落した。この下落の衝撃はあまりに大きく、多くの投資委員会や個人投資家たちは、市場よりもボラティリティの低い投資対象を求め、また、その多くが株式を空売りし、ダウンサイドのボラティリティを低く抑えることをうたったヘッジファンドを選択したものだ。バークレーヘッジによれば、ヘッジファンドの預かり資産は、二〇〇〇年末時点での約三〇〇〇億ドルから、二〇〇七年までに二兆ドルまで増大したのだ。

ヘッジファンドは通常、預かり資産の一～二％を手数料とし、さらに利益の二〇％を成功報酬として顧客から受け取る。この極めて高い費用構造からすると、ヘッジファンドは優良銘柄を買うといったたぐいとは反対の、複雑で分かりにくい投資にならざるを得ないと私は考える。ヘッジファンドにしてみれば、エクソンや3M（スリー・エム）、バークシャー・ハサウェイやゼネラル・エレクトリック、プロクター・アンド・ギャンブルといったただれもが知り、また保有する企業に投資していたら、その高い手数料を正当化することが難しくなるのではないかと思うのだ。二〇〇六年までには、ヘッジファンドは市場でも大きな影響力を持つようになり、また彼らは優良銘柄を敬遠しがちであるため、多くの最大かつ最高水準の企業の株式が比較的割安に放置されていたのだ。

一方、二〇〇三年から二〇〇五年にかけて、グリーンヘイブンのポートフォリオは「オールドエコノミー株」の復活の恩恵を受け、これまでにないほどの上昇を示していた。二〇〇三年一月一日から、二〇〇五年一二月三一日までに、グリーンヘイブンの典型的な口座は一四〇％（配当を含む）も上昇したのだ。二〇〇六年初頭までに、われわれの保有銘柄は十分に値上がりしていたため、割安に放置され、われわれの志向に合う銘柄と入れ替えようと考えていた。優良銘柄群が要件を満たしていると考えられたので、数四半期にわたって、ＧＥやフェデックス、３Ｍなどの株式を買っていった。しかし、そこには残念ながらＡＩＧも含まれていたのである。

ＡＩＧの前身は一九一九年、もともとはアイスクリーム屋を経営していたコーネリアス・バンダー・スターが上海に設立したものである。当初数年間は、中国で生命保険を売ることが同社の主たる事業であった。一九二六年、スターはニューヨーク市にオフィスを開設し、海外で事業展開するアメリカの企業に対し、損害保険を提供し始めた。第二次大戦後、共産党政府はスターの会社が中国国内で事業を行うことを禁止したが、スターは中国で失った事業を補って余りあるほどに、ほかの地域へ積極的に拡大していった。一九六七年にスターが亡くなると、モーリス・ハンク・グリーンバーグがスターが設立したいくつかの保険会社のＣＥＯ（最高経営責任者）に就任する。グリーンバーグが当初行ったのは、これらいくつかの企業を合併してAIGを新たに設立、そして新会社を上場させたのである。ハンク・グリーンバーグは、長年にわたって、AIGを巨大で、収益力があり、「成長」企業として高い評価を得る会社へと築き上げていった。一九八九年から二〇〇四年までの一五年間で、AIGの収益と利益額はともに一四・一%の年複利成長率（CAGR）を示し、同社の株式も年複利成長率で一七%も上昇した。AIGは勝者だったのだ。

しかし、二〇〇四年から二〇〇五年にかけて、収益の水増しを目的に架空の再保険取引を行うなど、いくつかの不正取引のかどで告発されることになる。ハンク・グリーンバーグは二〇〇五年初頭に辞任を余儀なくされ、マーティン・サリバンが新たにCEOに就任した。二〇〇四年から二〇〇六年にかけてS&P五〇〇指数が堅調な上昇を示すなか、AIG株は低調であった。二〇〇六年春になって、二〇〇四年と二〇〇五年のスキャンダルはAIG株に負の影響をもたらしており、ヘッジファンドや他の積極的な投資家には嫌われているであろうから、同社の株を相当に割安な価格で買う好機であると私は考えるようになった。

そこで、AIGの分析を開始し、まずは同社のForm 10-Kと年次報告書に目を通した。10-Kには取り立てて問題になるようなところはなかった。年次報告書を読んで気づいたことだが、保険会社の利益やバランスシート（貸借対照表）というものは推測にすぎないのだ。というのも、経営陣も、保険数理士も、独立監査人も、将来の損失についてては見積もるしか手立てがなく、またそのような見積もりはただ経験に基づいた推測にすぎないのである。しかし、ＡＩＧは二〇〇五年後半に一八億二〇〇〇万ドルを準備金に繰り入れている。どうやら新経営陣は可能なかぎり大きな準備金を積もうとしていると私には思われた。つまり、新経営陣は準備金の増大を前任者の責任とし、将来の利益拡大の余地を作ったのであろう。この準備金への繰り入れでＡＩＧは余裕を持って経営ができるようになるわけで、それゆえ、準備金の額は保守的とまでは言えなくとも、正確であると考えられる。

保険会社は財政的に強固であるべきで、それゆえ年次報告書の株主への手紙で同社の経営陣は「ＡＩＧは業界内でも最も強固な財政基盤を持っている」と強調していた。ＡＩＧの信用格付けはＡＡと同等であり、経営陣は「ＡＩＧの格付けは、世界中の保険業や金融サービス業でも最高位のものである」と記している。

私は、保険会社のＣＥＯをしている二人の友人に電話をかけてみた。ＣＥＯは競合を褒めたがらないものであるが、友人は二人ともＡＩＧをべた褒めしていた。特に、ＡＩＧの規模と資本力は競争上、極めて有利だというのだ。中規模の保険会社は、十分な資本を持っておらず、フォーチュン五〇〇にランキングされるような国際的な大会社の保険を引き受けるだけの力がない。それゆえ、巨額の保険契約ではＡＩＧにはさしたる競争もなく、またそれゆえに高い保険料と収益とを獲得できるのだ。

友人のＣＥＯの一人が、ＡＩＧの新ＣＥＯであるマーティン・サリバンと夕食をともにすべく、自宅に来ないかと私と妻とを誘ってきた。私はこの機会に飛びついた。もちろん、三時間程度の社交の場でＣＥＯの能力を判断することはできないが、マーティン・サリバンは親しみやすく、知識も豊富で、極めて知的な人物だと私には思われた。私はＡＩＧのリーダーに好感を抱いて、その場をあとにした。

さらに資料を読み、考え、討議し、通常の経済環境下でのＡＩＧのＥＰＳ（一株当たり利益）モデルを構築した。私は、ここで「標準化した」利益を用いた。というのも、保険会社の利益というのは、ハリケーンやほかの災害の発生によって、毎年大きく変動するからである。同社の二〇〇八年の標準化したＥＰＳは七ドル程度というのが私の結論であった。七ドルというのは、四六・五〇ドルという二〇〇八年の予想簿価の一五％に相当する。つまり、同社は簿価に対して一五％のリターンを獲得しているわけで、七ドルという予想

ＥＰＳは適正であるように思われた。

次に、ＡＩＧの株価評価である。熟考の末、ＡＩＧのＰＥＲ（株価収益率）は平均並み、つまり利益の一五倍程度とするのが良いと判断した。それゆえ、二〇〇八年のＡＩＧ株はおよそ一〇五ドル、現在の約五五ドルの二倍と結論した。これらの数字と、第一級の評判を足がかりに、私は同社のポジションを構築し始めたのだ。

二〇〇六年は、ＡＩＧにとっては良い一年となった。ヘッジにかかる特別会計処理を行う前で、ＥＰＳは五・八八ドルと好調であった。その年の第4四半期に、経営陣は同社の資本基盤の検証を行い、一五〇～二〇〇億ドルの資本が過剰に積み立てられているという結論に至る。その結果、二〇〇七年三月、経営陣は八〇億ドルの自社株買いを承認し、五月には配当額を二〇％増大させた。私はニンマリ、である。

二〇〇七年末を迎えるにあたり、金融市場全般にちょっとした緊張感があったため、ＡＩＧの株価は九月末の五七ドルから一二月末には四九ドルに下落する。二〇〇八年初頭も株価は値下がりを続け、その後、ベア・スターンズの破産が取りざたされるに至り、三三ドルまで急落する。しかし、Ｊ・Ｐ・モルガンがベア・スターンズを買収することを発表すると、株価は持ち直し、四月中旬までには四〇ドルの水準まで戻した。

四月下旬、ＡＩＧの株価はわれわれの取得コストを大幅に下回っていた。時に、グリーンへイブンが保有している株式でも逆風にさらされることはある。経済や金融市場は循環するのだ。逆風は投資には付き物なのだ。保有株の株価が振るわないとき、われわれは企業の長期的なファンダメンタルズに立ち返るようにしている。長期的なファンダメンタルズに変化がないのであれば、追加の買いとはいかないまでも、継続して保有する。ＡＩＧの場合、長期的なファンダメンタルズに問題はないように思われた。ＡＩＧは、子会社であるファイナンシャルプロダクツが銀行借り入れなどの金融リスクを担保するために行ったデリバティブ取引などの多くの資産の評価損を計上しなければならなかった。評価損の多くは、リスクの高い資産の利回りが上昇したことが主因であり、ＡＩＧそのものの損失が悪化することを懸念したものではない。それゆえ、われわれはデリバティブ取引が満期を迎えれば、評価損のほとんどは取り返せるだろうと考えたのだ。バークシャー・ハサウェイの二〇〇七年の年次報告書で、ウォーレン・バフェットはデリバティブ取引に時価評価を義務づけたことについて次のように記している。「デリバティブ取引の価額の変化を（中略）、四半期ごとに損益計算に盛り込まなければならない。それゆえ、たとえチャーリーと私が本源的価値にはさしたる変化はないと確信していても、デリバティブ取引によって、計上する利益が大きくブレることになってしまう。彼も私も気にはしていないが（中略）投資家の皆さんもそうであってほしいと願っている」。さらに、格付け会社や金融当局が評価減を懸念しているとしても、ＡＩＧは新株や優先株、劣後債の発行を通じて、いつでも資金を調達できるとわれわれは考えていた。実際に、五月八日、ＡＩＧは新株と劣後債を発行して、二〇〇億ドルを調達すると発表した。

しかし、市場の緊張感はその後も続き、二〇〇八年六月から七月にかけて、ＡＩＧの株価は二〇～二五ドルの水準で推移していた。八月中旬、当時の取締役会の財務委員長を務め、過去には監査委員長を務めてもいたＡＩＧの役員の一人が八月一二日に自社の株式を三万株買っていることが判明した。財務委員長がＡＩＧの将来を懸念しているのであれば、株式を買うことなどあり得ないし、彼が同社のファンダメンタルズについてはだれよりも知っていることも明らかであった。

九月一五日の朝、リーマンがチャプター11を申請すると大混乱が巻き起こった。もう駄目である。この破産申請が市場崩壊の引き金となった。金融市場からは流動性が消え去り、資産価値は急落していった。資産価値の下落によって、金融機関は保有する資産の評価を切り下げざるを得ず、またそれが彼らの格付けを急落させる。信用格付けが急落すれば、金融機関は資金を調達せざるを得ず、ＡＩＧに至っては保有するデリバティブ取引に担保を差し入れなければならなくなった。しかし、凍てつく金融市場で必要な資金を調達できるわけもなく、信用状態はさらに悪化し、必要となる資金はますます増大する。リーマンの崩壊と金融市場の機能停止を受けて、ＡＩＧの株価は急落した。ＡＩＧは担保を差し入れるために巨額の資金を調達しなければならなかったが、凍りついたような市場ではそれもかなわなかった。九月一六日火曜日の夜、アメリカ政府は、ＡＩＧの株式の大部分を取得することを条件に、必要な資金を供給することで合意した。この合意を目にしたとき、ＡＩＧへの投資では巨額の資本を永久喪失することが明白となった。

リーマンの崩壊とそれに端を発した深刻な金融危機は、われわれにとっても想定外の出来事であった。その後数週間、私は事態を把握するために長い時間を費やした。大恐慌以来の深刻な経済危機のさなかにあって、冷静沈着に取り組むのは難しかった。その危うさと不透明さを考えれば、われわれは行動を起こさざるを得ない。リーマン崩壊から数週間のうちに、われわれは保有する金融関連銘柄の大半を売り、また急落こそしていないが、株式市場全般と比べればさして魅力もなくなったいくつかの銘柄を売った。その結果、われわれのポートフォリオに占めるキャッシュの割合は四〇%近くまで増大することになった。

　その後の数カ月、われわれは経済環境とポートフォリオについて徹底的に検討した。そして、わが国は互いに連関するも、まったく異質の二つの問題に直面していることが私には明らかとなった。一つは、金融危機。もう一つは、深刻な不況である。そして、金融危機が継続するかぎりはキャッシュの割合を高く保つことにした。危機が収束しなければ、深刻な不況はやがて第二の大恐慌へとつながることを私は恐れたのである。しかし、危機が収束すれば、異常なまでに割安となった株式にキャッシュを投入する機会が訪れることであろうと考えたのだ。私が見たところ、多くの企業が金融危機のさなかにキャッシュを調達するため在庫水準を大幅に切り下げており、それが不況の主たる原因となっていた。危機が収束すれば、企業は少なくともある一定水準までは在庫を積み増すであろうし、それが経済全般にとっては刺激となるであろう。さらに、危機にあって、個人や企業は、必要であったり、欲していた高額商品の購入を先送りしていた。これも、危機が去れば、多くの財やサービスへの需要となるであろう。また、二〇〇八年下旬までには、アメリカ政府ならびにＦＲＢ（米連邦準備制度理事会）が積極的な経済刺激策を講じるであろうことが私には明らかであった。それゆえ、金融危機が収束すれば、経済はおそらくは急激に回復する可能性が高いと結論づけたのだ。

二〇〇八年下旬から二〇〇九年上旬、私は米国債とほかの債券との金利スプレッドを注意深く観察していた。そして、金融危機は継続してしまうのか、それとも鎮静化するのか、それを示すサインを探し続けていた。三月までに、金利スプレッドは狭まり、金融システムにも信頼が回復されてきたので、私は保有していたキャッシュを再投資することを決断する。二〇〇七年末から二〇〇九年三月三一日までに、S&P五〇〇指数は四五%ほど下落し、製造業からなるサブセクター指数はおよそ五四%下落していた。製造業は他業種（耐久消費財や製薬、公益事業など）よりも景気動向に敏感なので、当該銘柄が市場全体よりも大きく下落するのは驚くに当たらない。二〇〇九年春、株式を買うにあたり、われわれはこの製造業の銘柄を中心に買っていった。それらは、市場のほかのセクターよりも大幅に安くなっていただけでなく、経済の回復からより直接的に利を得ることになるのだ。われわれの戦略は成功した。グリーンへイブンの典型的なポートフォリオは、災難であった二〇〇八年には三八%ほど損失を出したが、二〇〇九年には四七%、二〇一〇年には二一%ほど上昇した。二〇一〇年末までに、グリーンへイブンの典型的なポートフォリオは、二〇〇七年末に比べて一〇%ほど高くあったのだ。

ＡＩＧは、グリーンへイブンにとっても、アメリカ政府にとっても災難であった。金融危機後、すっかりシェイプアップしたＡＩＧは、好調な営業利益を叩きだしている。アメリカ政府も、ＡＩＧの回復から利益を獲得し、同社の株式を徐々に売り、二〇一二年一二月一一日、最後の保有株を売っている。アメリカ財務省によれば、ＦＲＢとアメリカ財務省は、ＡＩＧへの「投資」から合わせて二二七億ドルの利益を獲得したという。

金融危機のさなか、アメリカ政府が金融機関を救済したことを非難する者もいるが、私はこの批判には同意できない。危機のさなかに金融機関に資金を供給できる唯一の存在として、政府は独占的な交渉力を持ち、それゆえ有利な条件を引き出せる立場にあるのだ。ＡＩＧを含む金融機関の多くが、堅調な事業を営み続けていた。彼らの問題は流動性であって、債務支払い能力ではないのだ。政府がこの救済劇から利益を得るのも当然である。

さらに、もっと重要なことは、政府による救済によって、金融システムの信頼が回復し、それが経済が低迷から脱する助けとなったことである。救済は、極めて深刻な問題に対する現実的な解決策のひとつである。政府は原則として民間企業を救済すべきではない、という立場を多くの理想主義者たちは取るであろう。しかし、人間も組織も現実的かつ柔軟であるべきで、イデオロギーに固執したり、視野が狭くなったりすることは、やがては人々を傷つけるような過ちを犯すことになると私は考えている。

ＡＩＧ株の急落から数週間したときに、友人であり顧客でもある人物から、この大失敗から何か学んだかと問われた。われわれはいまだ戦雲のなかにあり、金融危機が終焉すれば、この失敗の全容が分かるであろう、と私は答えた。数カ月後、私はＡＩＧへの投資を振り返った。われわれの取り組みと、集めた情報を見直したが、そのどちらもが広範囲に及ぶものであった。そして、自問してみた。当時の理解に基づき、今日投資判断を下さなければならないとしたら、同じ決断を下して株式を買ったであろうか、と。私の答えは「イエス」である。投資の世界では、予測不能な異常事態が時に魅力的な投資をダメにすることがある、というのが私の結論だ。これは投資には付き物なのだ。それゆえ、大きな資本を永久喪失するリスクを抑えようと懸命に働いても、そのリスクを完全になくすることはできないのだ。しかし、どの程度のリスクなら受け入れられるかを決めることはできる。つまり、十分な防御ができ、われわれがリスクを回避しすぎて、多くの魅力的な投資機会を見逃すことがないようにするわけだ。一〇〇年に一度の嵐が近づいているという前提で投資を行うべきではない。

実際の現場では、われわれは幸運にも情勢の変化を前もって認識してきているので、損失が巨額になる前に株式を売ることができる。たとえば、二〇一四年に、われわれは酸素や窒素、水素やその他の工業用ガスの製造業者であるプラクスエアの株式を買った。株価が割安に思えたことと、主要な競合であるエア・プロダクツの新経営陣が積極的に供給量をコントロールして、価格を引き上げようとしていることから、プラクスエアの利益増大が望めるだろうと考えたことがその理由である。株式を買ってから数四半期が経過したころ、エア・プロダクツの新経営陣は価格の上昇よりも、コストの削減に注力していることが明らかとなった。さらに、プラクスエアの利益の一四％ほどはブラジルで上げているものであったが、政治経済の問題から、ブラジルの通貨であるレアルが突如急落したのである。この下落は長く続くという懸念をわれわれは抱いた。それゆえ、われわれの当初の見立てと、プラクスエアへの評価は多分に楽観的にすぎたのだ。われわれは多少の損失を受け入れて、同社の株式を売った。

投資家としてのキャリアのなかで、私は、当初の評価が高すぎたことが判明し、多少の損失を受け入れてでも株式を売ったことが一度ならずある。プラクスエアのようなケースは何度となくあるのだ。投資とは全戦全勝を目指すものではない。打率を上げることがその主眼なのである。

第9章 ロウズ

ロウズは、全米第二位の住宅リフォームチェーンである。全米やカナダに展開しているおよそ一八五〇の店舗を通じて、四万点に及ぶ住宅関連の商品を販売している。製材、壁板、床板、電化製品、キッチンや浴室の飾り棚、衛生器具、照明器具、塗料、電動工具、屋外用家具、芝生の種、植物や肥料といった商品群である。同社の売り上げは、住宅産業の業績におおよそ連動する。

ロウズは、一九二一年、ルシアス・S・ロウがノースカロライナ州ノースウィルクスボロに開いた金物店がその前身である。一九四〇年にルシアス・ロウが他界したあと、義理の息子であるカール・バカンを筆頭に幾人かの遺族が事業を引き継いだ。一九五〇年代に入ると、バカンは新たに数店舗を開き、金物に加えて建材を取り扱うようになる。一九六〇年にバカンが急死すると、新たにＣＥＯ（最高経営責任者）に就任したロバート・ストリックランドは同社を上場させ、事業を拡大していった。ロウズの収益は、一九六〇年の二五〇〇万ドルから、一九七〇年には一億五〇〇〇万ドル、一九八〇年にはおよそ九億ドルまで増大する。

もともとロウズは、建築業者を対象とした事業を展開していた。しかし、一九八〇年に新築住宅市場が低迷すると、ロウズは日曜大工に勤しむ住宅所有者を引きつけるべく、店舗を再編し始める。ちょうどそのころ、新たに登場した競合であるザ・ホーム・デポが、ロウズの五倍はあろう大型店舗での事業を展開し始めていた。ホーム・デポの大規模店舗こそが未来のやり方であることは明らかであった。一九九一年、ロウズは減損処理を行い、小規模店舗を閉鎖する。そして、経営陣はホーム・デポに対抗すべく積極的に大型店舗を出店していく。一九九三年だけでも、五七の新店舗をオープンし、売り場面積を倍増させる。新店舗の売り場面積は、平均すると一〇万平方フィート（一フィートは約三〇センチ）に及んだ。ホーム・デポとの争いは続く。

一九九三年（ロウズとホーム・デポの決算期は一月三一日である。特定の年度について述べているときは、翌一月三一日を末とする会計年度のことである）、ロウズの収益は四五億五〇〇〇万ドル、ホーム・デポのそれは九二億四〇〇〇万ドルであった。その後の一〇年間、ロウズの収益は平均すると年利二一％増大し、三〇八億四〇〇〇万ドルに達する。ホーム・デポも同様の業績であった。両社の急成長の影で、小規模の建材、金物店は衰退していく。購買力、流通の効率性、取扱商品数、規模の効果と、二つの大型店舗チェーンが享受していたような低い不動産コストなどの面で、小規模店舗は太刀打ちができなかったのだ。

二〇〇一年から二〇〇五年にかけて、ロウズはさらに繁栄する。住宅ブームの恩恵を受けただけでなく、自ら招いたサプライチェーンの問題に苦しむホーム・デポのシェアも奪っていったのだ。二〇〇六年一月三一日までの五年間で、ロウズの一店舗当たりの売上高は、年利五・四％増大したが、ホーム・デポはたった二・五％の増大にすぎなかった。ロウズは躍進したのである。同社の利益は、二〇〇〇年の一株当たり〇・五三ドルから二〇〇五年には一・七三ドルまで増大する。株価もこの五年間で一五〇％上昇し、二〇〇〇年代後半には三四・八五ドルを付ける。ロウズの株主は笑いが止まらなかった。

その後、住宅ブームが崩壊する。二〇〇七年から二〇〇九年までの三年間で、ロウズの一店舗当たり売上高は累計で一七・八％も減少、もはや大惨事である。売り上げの低迷に引きずられ、利益も二〇〇六年の一株当たり一・九九ドルから二〇〇九年には一・二一ドルへと三九％も減少、経営陣がコスト削減に積極的な取り組みを行わなかったら、さらに減少していたであろう。株価も二〇〇九年三月に一三ドルの底値を付けることになる。

住宅不況は、私の想像よりもひどいものであった。二〇〇四年から二〇〇六年における過剰建設と、担保権執行の増加によって空き家があふれた。記録的な空き家数を受けて、住宅の新規建築も二〇〇六年の約二〇〇万件から、二〇一一年にはたった五八万五〇〇〇件まで激減することとなる。

二〇一一年春、ウォール街の一般的な意見は、住宅市場は向こうしばらくの間は極めて弱いままであろう、というものであった。その主たる理由として挙げられたのが、差し押さえ間近の「影の在庫」であり、これがやがては売れ残り住宅の在庫を押し上げることになろうというものだ。この弱気なセンチメントのせいで、住宅関連銘柄の株価は低迷していた。この低迷していた株価と、住宅産業はやがては力強く回復するであろうという推論に私は興味を引きつけられた。それゆえ、私は住宅市場の分析を行うこととした。私の結論は、住宅市場は向こう数年のうちに驚くほどの回復を示すであろう、というものであった。私の論理と方法論は次のとおりである。

まず、私は、通常の需要を満たすために毎年どのくらいの新築住宅が必要かを見積もった。通常であれば、需要は、アメリカの世帯の純増数に、その年に取り壊される住宅件数と別荘やセカンドハウスの増加数を加えたものとなる。

二〇一一年、アメリカの住宅件数はおよそ一億三一〇〇万件であった。二〇〇〇～二〇一〇年の間に、アメリカの人口は二億八二一六万人から三億九三三三万人へと、年複利成長率（CAGR）で〇・九二％増大した。もし人口が年複利成長率で〇・九二％の増加を続けるのであれば、毎年一二〇万件（一億三一〇〇万×〇・九二）の住宅が必要となると考えた。私はさらに、ハーバード大学のジョイント・センター・フォア・ハウジング・スタディーズが二〇一〇年九月に発行した長文のリポートにも目を通した。そこには、二〇一〇年から二〇二〇年の一〇年間に、毎年一一八万から一二八万件の世帯数が純増するとの予測が記されていた。その他の調査にも目を通したあと、私は、毎年の世帯数の純増と別荘需要の増大に応えるためには、通常の年であれば少なくとも一二〇万件の新築住宅が必要になると見積もった。そして、劣化や火災、洪水や引っ越しなどを理由に改築される住宅件数をおよそ三〇万件とする。そうすると、通常の年には、最低でも一五〇万件の新築住宅が必要になると結論される。

さらなる分析に取り掛かる前に、私はこの一五〇万件という見積もりを過去のデータと照らし合わせてみた。一九八〇年から一九九九年までの二〇年間で、毎年アメリカで完成する住宅件数の平均は一四三万件であった。この二〇年間のアメリカの人口の平均は、およそ二億五〇〇〇万人である。二〇一一年の人口が三億一一〇〇万人であったことを勘案すると、一四三万件というのは、二〇一一年では一七八万件に相当する。さらに直近の期間に目を移せば、二〇〇〇年から二〇〇三年の四年間では、九・一一の影響や緩やかな景気後退にもかかわらず、平均すると一六二万件の住宅が完成している。これらの数字を見て、私は金融危機後の人口動態があまり良いものではないとしても、一五〇万件という私の見積もりは保守的とまでは言わないが、合理的なものであるとの確信を得た。

二〇一〇年にアメリカで建設された新築住宅は、たった六五万件であり、二〇一一年には六〇万件を下回りそうであった。それは通常の需要のたった四〇%にすぎず、まさに恐慌状態とも言える水準である。通常の需要の四〇%という状態が永遠に続くわけがない。人々には住むべき家が必要なのだ。住宅市場は回復する、しかも力強く回復し、やがては完成する住宅も二・五倍増加して、一五〇万件の水準に達するであろうことが私には明らかであった。不明なことは、その回復がいつ起こるのか、だけである。

回復の時期を見定めるために、私はアメリカ国勢調査局の住宅完成データを用いた。新築住宅に対する通常の年間需要が一五〇万件であるとすれば、二〇〇四年から二〇〇七年の住宅ブームにおいて一四〇万件が過剰に建設されたことになる。もう一つ検討したのが、ウォール街の多くのアナリストを混乱させていた担保権執行が住宅市場に与える影響である。担保権執行について検討するにあたり、私は次のように考えた。住宅が差し押さえられた場合、元の所有者が別の住宅を買ったり、借りるのではなく、ほかの家族（通常は親とか友人とか）のもとへ駆け込むと、その物件は在庫として積み上げられることになる。とするならば、「二世帯」家族の増加を見積もることができれば、差し押さえや失業によって生み出された空き家の数を知ることができる。これらの数字であれば手に入る。二〇〇八年から二〇一〇年にかけて、二世帯住宅はおよそ二〇〇万件増加し、おおよそその水準で安定したように見えた。

それゆえ、直近の建設中の住宅を除外すれば、二〇〇四年から二〇〇七年における過剰建設と、二〇〇八年から二〇一〇年にかけての担保権執行によって、およそ三四〇万件（二〇〇四年から二〇〇七年の過剰建設が一四〇万件と差し押さえによる立ち退きが二〇〇万件）の空き家が増加したことになる。その後、もう一度国勢調査局のデータを用いて、二〇〇八年から二〇一〇年にかけて建設中の住宅の総計が一九〇万件（通常、一年間の新築需要は一五〇万件）であり、それゆえ二〇〇三年から二〇一〇年にかけて増加した空き家は一五〇万件、とはじき出した。二〇〇三年末時点での住宅在庫は一般的な水準にあったので、二〇一〇年末時点における過剰在庫はおよそ一五〇万件であると結論づけられる。二〇一一年、新たに建設された住宅は六〇万件程度にすぎない。新築建設が六〇万件程度で推移し、かつ通常の需要が一五〇万件であり、二世帯住宅の数が安定していると仮定するならば、住宅産業は二〇一二年後半までには需給が安定する。

住宅市場は力強く回復する、というほとんどだれも気づいていない考えに至ったことに私は興奮を抑えられなかった。直近のトレンドを無批判に将来に投影し、目の前の問題に過剰に思い悩む人間の性が今ある住宅市場への否定的な見方の原因である、と私は考えていた。企業や産業を分析するにあたって、私は本質的に楽観主義者であり、また努めて現実的たらんとしている。ことわざにもあるコップの水ではないが、もう半分しかないと考えるか、まだ半分あると考えるかであり、現実主義者として言うならば、コップが必要な大きさの二倍あると考えるか、なのだ。

住宅市場の回復にすっかり夢中になった私は、市場の改善から利益を得るであろう投資対象を探し始めた。まずは、上場している住宅メーカーの研究からである。しかし、それら企業のバランスシート（貸借対照表）は脆弱で、もし住宅市場が向こう数年間回復しなかった場合、債務支払い不能に陥る懸念があった。私は資本を永久喪失するリスクを最小化しようと努めており、またウォーレン・バフェットの言う投資で成功するための二つのルールには忠実であろうと心掛けている。つまり、「一つめのルールは、資金を絶対に失わないこと。そして二つめは、一つめのルールをけっして忘れないこと」だ。

私が次に目を付けたのが、住宅リフォームチェーンであり、すぐにロウズに興味をそそられた。その理由は、同社は、①住宅市場の回復、②商品展開の改善――という二つの前向きな変化から利益を得るであろうと確信したからである。ホーム・デポが商品展開の問題に苦しみ、ロウズが市場シェアを獲得していった二〇〇一年から二〇〇五年、ロウズは明らかに現状に満足してしまい、商品展開を見直す機を失していた。同社は今こそ商品の見直しを行い、売れ行きの乏しい商品は打ち切り、新しい商品を取り入れ、仕入れ値を下げ、販売価格を最適化し、各商品に最適な売り場スペースを設け、欠品や値下げの必要性を最小限にすべく在庫水準を調整し、広告や看板を新たなものにすべきであったのだ。ロウズの経営陣は商品展開の改善に真剣に取り組んでいるように思われた。事業の改善には、ロケットサイエンスではなく、配慮と努力が必要であり、二～三年のうちに大きな進展が見られる可能性は高いと考えていた。

ロウズの財務とその他のファンダメンタルズについて検証したあと、私は二〇一四年の標準化した利益モデルを構築した。私のモデルでは、住宅産業が回復し、同社の商品展開は大いに改善されることを前提としている。まず、二〇一四年の収益期待値から算出する。二〇一一年、ロウズの店舗は、総計で一億九七〇〇万平方フィートの売り場面積があった。同社は、一年に一%売り場面積を増大させると計画している。結果として、二〇一四年の売り場面積は、計二億三〇〇万平方フィートとなる。売り場面積当たりの売り上げは、二〇〇三年の三〇二ドルから下落して、二〇一〇年には二五〇ドルであった。私は、二〇〇三年の同社の収益が通常の水準であり、それゆえ、同社の平方フィート当たりの売り上げは三〇二ドルの水準に戻ると考えた。これは、インフレを考慮していない数字なので、二〇〇三年から二〇一四年までのインフレ率を平均一%（二〇〇三年から二〇一一年にかけての建築資材と園芸用品のインフレ率は二%程度であったが、ロウズは平均よりも値上げしていないと考えていた）と仮定すれば、三三七ドルとなる。つまり、ロウズの二〇一四年の標準化した収益は、平方フィート当たり三三七ドル×二億三〇〇万平方フィートで、六八四億ドルとなる。

次に、営業利益率を見積もる。同社の二〇〇三年の利益率は、新店舗開設にかかる一時費用を差し引く前で、一〇・五％であった。住宅産業が回復し、同社の商品展開が十分に改善されれば、二〇一四年までに利益率が一〇・五％の水準まで回復しない理由はない。

六八四億ドルの売り上げに対して、営業利益率が一〇・五％とすれば、営業利益は七一億八〇〇〇万ドルとなる。税引き後利益を算出するにあたり、金利費用の二億七五〇〇万ドルを差し引き、税率を三八％とする。そして、ＥＰＳ（一株当たり利益）を算出するために、発行済み株式総数の一四億株で税引き後利益を割れば、二〇一四年の標準的なＥＰＳは三ドルを若干上回る程度となる。

最後に株価の評価である。ロウズの状況を考えてみる。同社は健全なバランスシートを持ち、巨額の余剰資金を生み出している。本質的には複占状態にあり、評判も好評だ。しかし、ホーム・デポとロウズの店舗はアメリカでは飽和状態にあり、住宅市場が回復しても、ロウズの成長は比較的緩慢なものと思われる。結局、私はロウズの評価を、過去の株式市場の平均的なＰＥＲ（株価収益率）を若干上回る、一六倍とすることにした。それゆえ、ロウズの二〇一四年の株価は四八ドルをわずかに上回るものになると考えた。そのときの株価が二四ドルであり、明らかに割安だ。私はその後、数カ月をかけて、大きなポジションを構築していった。

二〇一一年一二月七日、ロウズの経営陣はアナリストと株主に向けた会議を開催し、二〇一五年の「ロードマップ」を発表したのである。ここで重要なことは、この計画では、前提として住宅価格は二〇一五年までに多少上昇するだけであり、住宅の完成件数も九〇万から一〇〇万件程度としたことである。同社のロードマップでは、収益は平均して年利四・五％拡大し、二〇一五年には五八七億ドル、営業利益率は一〇％まで向上するとしていた。

また、ロードマップでは、二〇一二年から二〇一五年の四年間で一八〇億ドルの自社株買いも計画されていた。一八〇億ドルとはびっくり仰天である。同社の時価総額はたった三五〇億ドルであるのだから、向こう四年間で時価総額の五一％相当を買う計画なのだ。この自社株買いによって、発行済み株式総数を一四億株から九億株へと減少させるという。この極めて積極的な自社株買い計画によって、ロウズのＥＰＳは大幅に増大する。さらに、これは経営陣が自社の将来に自信を抱いていること、そして株価に意識を払っていることの証しである。

　では、ロウズは一八〇億ドルもの自社株を買う資金を手当てできるのだろうか。それにはいくつか考えられることがある。まず、利益は急激に増大する。次に、同社は新店舗をたくさん開設するつもりはないので、資本支出は総計一〇億ドルの減価償却が残るだけである。新しいコンピューターシステムと、商品展開改善プログラムによって、在庫投資は一〇億ドル削減される。さらに、借り入れを増やすことで七〇億ドル近い現金を確保する。同社のバランスシートは借り入れが少ないので、負債を増やしてもキャッシュフローや資産価値で担保し得ると経営陣は判断しているのだ。

　一二月七日の会議後、私は利益モデルを訂正した。最初に作ったモデルが正確であることなどめったにないので、私は何度となくモデルを訂正する。モデルは方向指示器のようなものであり、私を正しい方向へと導いてくれる。さらに、モデルを構築することで、企業の将来の価値を決める重要なファンダメンタルズを検討することができるのだ。

　私は、二〇一五年の利益予想モデルを訂正した。経営陣は、住宅市場が大幅に改善しなくとも、年利四・五％の成長率を見込んでいる。サブモデルも構築し、改めて検討した結果、私は住宅市場の回復がけっして強固なものではなかったとしても、収益は平均して年利六・五％の成長が可能であろうとの見通しを持った。成長率が年利六・五％であれば、二〇一五年の収益はおよそ六四〇億ドルとなる。

ここで、訂正したモデルで用いる営業利益率をどうするかが問題となった。同社の経営陣は、収益が一ドル増えると、営業利益はおよそ〇・二〇ドル増加すると述べている。同社について私が知るかぎりでは、二〇％というのは合理的である。この二〇％を前提として、ロウズの収益がロードマップにある年四・五％ではなく、六・五％で四年間増大すれば、二〇一五年の同社の営業利益率は、ロードマップにあった一〇％よりも一・六％高いことになる（二％の二〇％が四年間という計算だ）。しかし、これまで同社の利益率が一一・六％もの高い結果を示したことはなく、私もより保守的であるべしとの直観を得ていた。そこで、私は一〇・五％とすることにした。

訂正したモデルを用いて、収益が六四〇億ドル、営業利益率を一〇・五％、金利費用を六億五〇〇〇万ドル（ロウズは借り入れを七〇億ドル増加させるとしているので、私の当初の予測である二億七五〇〇万ドルよりも多い）、法人税率を三八％とし、発行済み株式総数を九億二〇〇〇万株とすると、ＥＰＳは四・一〇ドルとなる。われわれの取得価格は一株二四ドルにすぎない。二〇一五年の利益が四・一〇ドルに到達するとしたら、同社の株式は完全な勝者となる。仮にわれわれが多分に楽観的にすぎ、利益が三ドル程度であったとしても、同社への投資は十分に魅力的なものとなる。さらに、ロウズの質の高さや、株式が割安に放置されていたことを考えると、資本を永久喪失するリスクは低い。ロウズは夢のような投資であった。

その後の八カ月間、ロウズの株価は多少の上下はしても、横ばいであった。二〇一二年八月、株価はわれわれの取得価格よりも若干高い、二七〜二八ドルで推移する。そして、二〇一二年秋、住宅市場は回復の途についた。二〇一二年前半は七〇〜七五万件で推移した季節調整済みの住宅着工件数は、九月には八五万四〇〇〇件、一二月には九八万三〇〇件となる。住宅市場の回復は進む。これを受けて、ロウズの株価も二〇一二年末には三五・五二ドル、二〇一三年八月には四五ドルまで上昇する。

二〇一三年九月下旬、テニスの相手を見事に叩きのめした私は上機嫌でコートの傍を歩いていると、とあるファンドマネジャーに声をかけられた。彼はロウズ株についての私の意見を求めてきたのである。私が色良い反応を示すと、彼もロウズ株が魅力的であることは認めたが、「議会予算が逼迫して、政府が機能停止に陥ったら、株式市場が急落するのではないか」と付け加えてきたのである。明らかに彼は、ワシントンの状況と、それが経済と株式市場に与える影響を懸念していたのだ。彼は、資金を確保するために株式を売っていた。株式市場が目先どうなるかは分からない、と私は答えた。実際に分からないのだ。私はウォーレン・バフェットの格言を信じる者である。つまり、株式市場についての意見は持たない。なぜなら、それを考えても正しいとは限らないし、正しい考察と干渉することになるかもしれないからだ。優秀かつ知識豊富な投資家の短期的な市場予測というものを数多く観察しているが、彼らが正しいかどうかは五分五分である。つまり、コインを投げているのとさして変わらないのだ。

経済、金利、コモディティ価格や為替の短期的な方向性を予測するのも同じようなものだと考えている。見定めなければならない変数があまりに多いのだ。金利の動向を完全に理解しているエコノミストは二人しかいないという話に私は同意する。彼らはともにスイスに暮らし、そしてまったく対照的な見解を持っているという。

私は、原油と天然ガスという二つのコモディティの短期的な相場で誤りを犯した経験がある。二〇〇七年中旬から二〇〇八年の初夏まで、この二つの価格は急上昇した。原油は一バレル七五ドルから一四〇ドル超まで、天然ガスは一〇〇〇立方フィート五ドル程度から一〇ドル超まで上昇した。友人や私は、高値がアメリカ経済と経常収支に悪影響を与えるとともに、アメリカの中流以下の家庭の富を、潜在敵国であるＯＰＥＣ（石油輸出国機構）諸国に移転するものであることを心配していた。われわれは行動を起こすことにする。われわれは、国内生産と省エネを後押しするアメリカのエネルギー政策の必要性をリポートにまとめた。そして、知り合いの上院議員や下院議員たちに呼びかけ、エネルギー問題を解決すべく努めるよう働きかけたのだ。しかし、われわれの訴えは聞き流される。ある上院議員が言うには、われわれの主張のすべてに同意するし、彼自身、何年も前にこの問題に関する書籍を著してもいた。その本がわれわれのもとに届けられた。一読したが、くだらない代物であった。

後に判明することだが、われわれの懸念は行きすぎていたのだ。われわれは、エネルギー価格が金融危機と深刻な不景気のさなか急落することを予見できなかったのだ。また、水平掘削と多段階破砕の技術によって原油と天然ガスの生産量が大幅に増大し、やがては供給過剰となることを予見できなかった。原油とガスの価格で私は誤りを犯したのだ。さらに、ほかのコモディティや為替、または市場について短期的な値動きを予測しようとしても、結果は五分五分なのだ。

グリーンヘイブンは、経済や株式市場の短期的な見通しの研究にはほとんど時間を割かないが、保有する企業の短期的なファンダメンタルズについては多くの時間を割いて研究している。そして、二〇一四年秋までに、ロウズが商品展開を大幅に改善させていることが明らかとなった。一一月一九日、同社は一〇月三一日を末とする四半期に、店舗当たりの売上高が五・一％増加し、ＥＰＳは前年比で二五・五％も増加すると発表した。会長兼ＣＥＯであるロバート・ニブロックは、この進展は多分に「社内で取り組んできた戦略の賜物」だと述べた。ロウズが収益とＥＰＳの拡大期に突入したことにグリーンへイブンは色めき立ったのだ。

そして、一二月一一日、ロウズはアナリストと投資家向けに半日間の説明会を開催した。その会において、経営陣は二〇一四年から二〇一七年にかけて、同社の収益は年複利成長率で四・五％から五・〇％増加し、営業利益率も二・五％向上して、一一％程度に上昇、ＥＰＳも年複利成長率で二〇・五％増加し、四・七〇ドルになるとの見通しを発表した。重要なことは、ロウズの予測の基礎となった前提は保守的なものであり、アメリカ経済が成長軌道に立ち返れば、ロウズの収益も、利益率も、さらには利益も経営陣の期待を上回るものになるということだ。私は改めて利益モデルを見直し、アメリカ経済が回復基調となれば、ロウズの利益は二〇一七年には少なくとも五・五〇ドルにはなるとの結論に至った。われわれが勝利を得たことは確実だ。この前向きな見通しを反映して株価は、二〇一四年末には六七・五〇ドルまで上昇、二〇一一年の取得時からすると一六〇％の値上がりである。われわれは満足した。大満足である。

第10章

ワールプール

住宅市場の回復に胸躍らせたわれわれは、市場の回復から利益を得るであろう銘柄に、運用資金の二〇％程度を投資することに決めた。われわれにとってはロウズがナンバーワンであった。ほかの数十銘柄を調査したあと、われわれはワールプール・コーポレーションで中規模なポジションを、ザ・ホーム・デポ、空調と加熱炉のメーカーであるレノックス・インターナショナル、カーペットや床材のメーカーであるモホーク・インダストリーズで小さなポジションを構築していった。なぜロウズがナンバーワンで、最大のポジションを構築したのか。簡潔に言えば、ロウズはホーム・デポやわれわれが調査したほかの時価総額の大きな銘柄に比べると大幅に割安だったからである。ホーム・デポは商品展開の点でも優れた判断力を持ち、強固な経営がなされていた。一方、ロウズはエンスト気味で、それは株価にも反映されていた。二〇一一年、ロウズの収益は五〇〇億ドルであったが、時価総額（株価×発行済み株式総数）はたったの二四〇億ドルにすぎなかったのだ。つまり、投資家は時価総額一ドル当たり、二・〇八ドルの収益を獲得することになる計算だ。ホーム・デポは、およそ七〇〇億ドルの収益に対し、時価総額は五六〇億ドルである。つまり、投資家が獲得するのは時価総額一ドル当たり、一・二五ドルの収益にすぎない。この収益と時価総額との比較は、われわれが用いる多くの比較基準のひとつである。あらゆる基準が明らかにしているのは、ロウズがエンジンの回転数を上げれば、ホーム・デポよりもはるかに多くの利益をもたらすことができるということだ。

流動性も検討事項のひとつである。ロウズの時価総額は二四〇億ドルである。レノックスやモホークに至っては、それぞれ二〇億ドルと四〇億ドルである。それらの株式の取引量はあまりに少ないので、われわれは大量の株式を容易に売買できないのだ。流動性は、われわれが資本の永久喪失を防ぐ一助となるのだ。われわれも誤りを犯す。そして、誤りを犯したときは、すぐにそこから撤退しようとする。われわれは自らの成功の犠牲者でもあるのだ。われわれの投資戦略は長年にわたり成功を収め、高いリターンをもたらしている。そして、高いリターンを獲得しているがために、われわれは相当に多額の資金を運用しているのだ。運用資金が大きくなれば、それだけ柔軟性がなくなり、それゆえ将来のリターンも低下してしまうのだ。善行が罰せられるわけだ。

ふたを開けてみると、二〇一二年に住宅関連銘柄が底を打ち始めると、当初、ホーム・デポやレノックスやモホークがロウズを上回る上昇をみせた。投資家は、簡潔明瞭なファンダメンタルズを好むのだ。ロウズの商品展開の問題は不透明さそのものであり、多くの投資家が不透明さを忌避するのだ。ホーム・デポやレノックスやモホークの株価は二〇一三年初頭も急上昇を続け、われわれは取得価格のおよそ二倍でそれらの株式を売った。

われわれが投資した五つの住宅関連銘柄のうち、ワールプールはロウズの次にお気に入りだった。同社は、鉄鋼やほかの原材料価格が急騰し、また家電の需要が低調だったことから利益が伸びず、それゆえ株価は低迷していた。しかし、原材料価格はやがて安定するか下落するであろうし、住宅市場が回復すれば家電の需要も急拡大する可能性が高いとわれわれは考えていた。ワールプールは今後五年で、一株当たり二〇ドルは稼ぐようになるであろうし、そうなれば株価は二五〇～三〇〇ドル程度になるだろうと予測した。われわれがこの分析に取り組んだとき、株価はおよそ八〇ドルを付けていた。そのため、すべてが見込みどおりとなれば、同社への投資は素晴らしいものとなる。

ワールプールは、一九一一年、ルー・アプトンがアプトン・マシーンという名で創業したのが始まりである。それまで、洗濯機とは木桶のことであった。主婦たちは、木桶に衣服と水と石鹸を入れて、手でゴシゴシと衣服を洗っていたのだ。アプトンは、この木桶に電動モーターを取り付けた。アプトンは、フェデラル・エレクトリックという名の会社から、この最新式洗濯機を一〇〇台受注する。しかし、すぐに問題が発生する。多くの製品で、鋳鉄製の歯車が壊れてしまうのだ。アプトンは、即座に壊れたパーツをスチール製の新しい歯車と取り換える。問題が解決すると、アプトンの素早い対応と商業倫理とに感銘を受けたフェデラル・エレクトリックはさらに一〇〇台を発注する。こうして同社は誕生したのだ。

一九二九年、アプトンは自分の会社をニューヨーク州のナインティーン・ハンドレッド・ウオッシャー・カンパニーと合併させる。同社は、その目新しさのかけらもない退屈な社名とは裏腹に、革新的な企業であった。第二次大戦中は飛行機部品を製造していたナインティーン・ハンドレッド・ウオッシャーは、戦後は家電への需要が増大することを当て込んで、さまざまな家電を市場に投入していく。一九四九年、経営陣は賢くも社名をワールプールへと変更する。この社名変更を行ったとき、ワールプールの収益は四八〇〇万ドルであった。その後五〇年にわたり、ワールプールは積極的に新製品を投入し、他社を買収していった。そして、一九九九年までには、収益は一〇五億一一〇〇万ドルにまで拡大、一九四九年からすると二一九倍の増加である。

私は、興味深く、また重要なデータに気がついた。ワールプールの一九四九年の四八〇〇万ドルから一九九九年の一〇五億一一〇〇万ドルまでの収益拡大は極めて大きいように思えるが、その実、年複利成長率（CAGR）に直すと一一・四%にすぎないのだ。これは、同社の利益率やPER（株価収益率）が過去五〇年間に変化がないとしたら、投資家は五〇年間の平均でたった年利一一・四%のリターンと、配当しか得られないということだ。グリーンヘイブンは年利一五〜二〇%のリターンを目標としているので、仮に五〇年間、ワールプールを保有していたとしたら、収益が二一九倍に増加しようとも、投資としては目標を下回るわけだ。

多くの住宅所有者が皿洗い器や冷蔵庫や洋服乾燥機を初めて購入した一九五〇年代、家電業界は成長産業であった。一九四九年から一九六一年の一二年間で、ワールプールの収益は四八〇〇万ドルから四億三七〇〇万ドルへ拡大、年複利成長率にすると二〇・二%である。次の三八年間、家電産業は成熟し、成長率も低下したため、ワールプールの成長率も年利八・七％まで低下する。ここに、重要な教訓があると私は考えている。ほとんどすべての技術や製品やサービスの成長率は、市場が飽和したり、陳腐化したり、または競争が激化するなどして、時間の経過とともに低下するのだ。多くの投資家が、やがては成長を鈍化させるこれらの力をまるで考慮せずに、高い成長率が将来も続くと予測しがちなのだ。一九六〇年代後半から一九七〇年代初頭にかけて、投資家の間では、グロース株に投資し、永遠に保有しようとすることが流行したことがある。この手の投資家たちは、優れたグロース株の特徴を示すおよそ五〇の銘柄に集中したのだ。人気が集中したことで、これらの株価は大きく上昇し、ＰＥＲは歴史的な高さとなる。グロース株の投資家たちは、ＰＥＲの高さは何ら問題ではなく、リスクでもないのであるから、無視し得ると主張していた。企業が二〇％成長し、その株式を何十年も保有すれば、たとえそのＰＥＲが大幅に低下したとしても、投資家は高いリターンを獲得できる、というのが彼らの論理であった。たとえば、年利二〇％の成長を示している企業の株式を、利益の三〇倍で買い、三〇年後に利益の二〇倍で売ったら、投資家は平均すると年利一八・四％（および配当金）のリターンを獲得するという計算だ。この五〇のグロース株は多くの投資家の人気を集め、ニフティ・フィフティというニックネームを賜るまでになる。あまりの人気で、ニフティ・フィフティはやがて過剰なＰＥＲを付けるようになる。フォーチュンによれば、一九七二年一二月、ニフティ・フィフティの平均ＰＥＲは四二倍であった。コカ・コーラが四六倍、ＩＢＭが三五倍、ジョンソン・アンド・ジョンソンが五七倍、３Ｍ（スリー・エム）が三九倍、メルクが四三倍、ゼロックスが四六倍である。

やがて、ニフティ・フィフティは、まるでニフティ（素晴らしい、という意味だ）ではなくなってしまう。五〇銘柄のほとんどで、成長率は時間の経過とともに平均、またはそれ以下まで鈍化してしまう。さらに悪いことに、多くの企業が深刻な問題を抱えるようになる。コダックとポラロイドはやがて破産する。デジタル・エクイップメントやエス・エス・クレスギーなど多くの企業が立ち行かなくなり、大きな企業に比較的安値で売却されている。信じられないかもしれないが、当時はファースト・ナショナル・シティ・バンクと呼ばれていたシティコープや、Ｊ・Ｃ・ペニー、シアーズ・ローバックなどもニフティ・フィフティの一つだったのだ。

あるとき、ニフティ・フィフティは、ワンディシジョン・ストックとも呼ばれていた。つまり、下すべき判断は株式を買うというだけで、その後は永遠に保有されるのであるから、株式を売るという判断は不要だ、というわけだ。さて、ワンディシジョンの成長株を支持していた者たちには不幸なことであったが、一九七三年、ニフティ・フィフティの株価が下落を始めると、彼らは痛ましい二回目の判断を下さなければならなくなってしまった。一九七三年から一九七四年の高値から、一九七四年の底値でみると、ゼロックスが七一％の下落、エイボンが八六％、ポラロイドは九一％の下落である。ワンディシジョン・ストックの支持者に追従した者たちは崖っぷちに追い込まれることになる。

私にとっては、一九六八年から一九七四年のグロース株、一九九八年から二〇〇二年のハイテク株の興亡は、効率的市場仮説、つまり、株式はそのファンダメンタルズにかかわるあらゆる情報に基づいて、市場で効率的に価格付けがなされているので、投資家が株式市場に打ち勝つのは不可能だとする説が誤りであることの証明なのである。効率的市場仮説は人間の特性、特にリーダーではなく、追従者となる個々人の特性を無視しているがゆえに間違うのだと考えている（効率的市場仮説を無効にする人間のほかの特性として、多くの投資家が偏見や感情的な衝動に影響を受けやすい、ということが挙げられる。感情は、株式市場で優れた成績を残すためには敵なのだ）。追従者としての人間は、すでにうまくいっていることを喜んで受け入れ、目先はうまくいっていないことを回避する傾向がある。もちろん、うまくいっていることを買い、うまくいっていないことを避ける行動が、トレンドを長続きさせることになる。そして、ほかのトレンドフォロワーたちが無批判にこれに追従し、トレンドは自己増殖して、行きすぎを起こすのだ。

投資家は、トレンドを正当化する理屈を編み出すものだ。曰く、「ＰＥＲは長期的には無関係なので、そのＰＥＲにかかわらず、グロース株を取得すれば大きなリターンを獲得できる」「ニューエコノミーのハイテク株は飛躍的な成長を続ける。だからオールドエコノミー銘柄はもはや死に体であり、売るべきだ」といった具合だ。私の考えでは、ブームというのは、それを正当化する理屈が無批判に投資家に受け入れられるようになったときこそ、危ういものなのだ。そして、投資家は無批判に、行きすぎを新基準として受け入れるようになるのだ。歴史書は、ブームとその崩壊に満ち満ちているし、その興亡は、トレンドや流行に無批判に乗っかる人類の悪癖がある限り続くであろう。

なぜ、多くの人々が無批判なトレンド追従者となってしまうのか、という点について私はひとつの命題を持っている。これを証明することはできないが、私から見ると筋が通っているのだ。長年観察してきたが、多くの賢明なるプロの投資家たちが、自分たちは追従者であることをよく理解している。しかし、彼らは変化をもたらし、リーダーとなり、また一般的な見解にあらがう能力を生来持ち合わせていないのだ。それゆえ、追従者となりたがる彼らの特性は、大部分とは言わないまでも、その一部は固有かつ遺伝的なものであると私は考えている。リーダーとなり得るのは、ほんの一握りの人間に限られるのだ。これにはロジックがある。人類の文明が興ったのはほんの一万年前にすぎない。それまでの二〇万年あまりの間、人類は食糧や住まいを求めて集団で旅する狩猟採集民であったのだ。集団として成功するためには、通常、リーダーは一人であるべきだ。もし二人以上のリーダーがいるとすると、意思決定において意見の相違が生まれ、強いリーダーがやがて弱いリーダーを駆逐していく。リーダーは絶対的な権力を欲し、時に自らの地位を守るために、ライバルやその可能性がある者を殺害したりする。競合を駆逐するために、兄弟やわが子ですら殺害した王もいたことは歴史が教えている。それゆえ、長い年月をかけて、リーダーシップの素養を持つ人間は、適者生存の過程で追いやられ、大多数の狩猟採集民が追従者となって残ったのである。現代人の遺伝子構造は、狩猟採集民のそれとほとんど同じであることを科学者たちが示している。それゆえ、リーダーシップの素養を持つ者は、現代人のなかでもほんのわずかであり、ほとんどは追従者となるのだ。

なぜ多くの投資家が、長期的なファンダメンタルズやリターンを犠牲にして、短期的なそれらに過度に執着するのか、その理由を推論することはできる。狩猟採集民というのは、目の前の生き残りに注意を払わなければならなかった。つまり、ライオンがすぐそばの岩陰に隠れているかもしれないし、敵対する隣の部族が襲ってくるかもしれないのだ。彼らには、長期的な計画を検討する余裕などありはしなかった。目の前の危険に対応する能力を持たない者は、淘汰の過程で生き残ることはなかったのである。そして、今日でも人間は、とっさの危険に直面するとたじろいでしまうのだ。これは、経験的というよりも、本能的なものである。それゆえ、長い淘汰のプロセスの結果、人間は潜在的に、長期的なことよりも短期的なことに心を奪われる傾向を持つのだ。

人類の経済的行動の多くが遺伝的なものであると考えている者もいる。有名なところでは、二〇〇二年にプロスペクト理論でノーベル賞を受賞したダニエル・カーネマンがいる。プロスペクト理論では、人間には本能に基づいて、論理的な結論に相反する不合理な決定が下される傾向があることが示されている。カーネマンたちは、人間の行動が経済的な意思決定に与える影響を研究する行動経済学という新たな分野を開拓した。

一九九八年から二〇〇〇年に発生したインターネットブームが終わりを迎えようとしていたころ、追従者になりがちで、短期的なことに過度に固執する二人の顧客から電話をもらった。最初の電話は、ディック・オルブライトからであった。彼は、すでに事業を売却し、アンティークの中国家具、特に黄花梨製の家具のコレクションに情熱を燃やす賢き先輩であった。オルブライトが電話をしてきたとき、われわれの保有する株式はインターネット関連銘柄ほどではないにしても、良好な結果を残していた。オルブライトが言うには、不幸にも定職を失った彼の息子は、今自宅のアパートでハイテク株のデイトレードに励み、グリーンヘイブンよりも大幅に高い成績を残しているという。オルブライトは私にハイテク株をいくつか買って成り行きを見るよう強く薦めるのだ。「二～三銘柄買って、知識を拡げたらどうだ。ニューエコノミーについて何も知らないと、ファンドマネジャーとしては失格だぞ。私の息子が良いアイデアを教えてくれるさ。彼に、ニューエコノミーへの投資を学んだらどうだ。息子の電話番号を伝えるよ。絶対に電話しなよ。彼は二〇代だが、デジタル技術には本当に詳しいよ」。私は電話もしなかったし、割高になっていたハイテク株を買うこともなかった。

次の電話は、ゴールドマン・サックスの投資銀行部門でパートナーを務めていたフランク・ヒートからである。ヒートは単に、どうしてグリーンヘイブンがインターネットブームを避けているかを理解できなかったようなのだ。「君はどこにいるのだ。眠っているんじゃないだろうな」と。私はいつも顧客にするように、丁寧に説明した。つまり、われわれはバリュー株の十分な安全域を求めるバリュー投資家であり、陳腐化のリスクがあるハイテク株というのは、われわれが求めるような安全域をもたらし得ないのだ、と。

二人とも、その後、何度か電話をかけてきては、不満を繰り返し述べた。私はやっとのことで、ディックに別のファンドマネジャー（あるいは無職の息子が良いかもしれない）を探すよう説得することに成功し、ヒートは自ら去っていった。二人の顧客が旅立った（おそらくは、異常な高値を付けるハイテク株に大きく投資しているファンドマネジャーのもとへ）直後、バブルは突然破裂し、多くのハイテク株は時価総額の四分の三以上を吹き飛ばすことになる。

一九九七年から二〇〇〇年のハイテク株バブルの間、グリーンヘイブンの典型的な口座は平均して年利一八・五％のリターンを上げていた。その間のS&P五〇〇指数が年利二二・四％である（この指数はハイテク株への比重が大きい）。われわれは指数に後れを取ったわけだが、ブームが終わりに近づくと、私はそれで満足していた。異常な高値を付けるインターネット関連銘柄がさらに上昇して指数が急騰を続けるなら、私はあえて後れを取りたいと同僚に言ったものである。もはや異常な高値を付けている指数に打ち勝つ唯一の方法は、軽率で、浅はかで、無責任と呼ばれるリスクをとることである。

そして、二〇〇一年から二〇〇二年にかけて市場が急落し、S&P五〇〇が一八・二％も下落するなか、グリーンヘイブンは年利三・四％のリターンを上げることになる。インターネットやニューエコノミーを代表するほかの多くのハイテク株は投資家に叩き売られた。われわれが保有していた銘柄は、株式市場に暴風が吹きすさぶなかでも平静を保っていたのだ。

時にファンドマネジャーは、めったにない幸運に恵まれることがある。二〇〇三年から二〇〇五年にかけてがそれであった。二〇〇三年初頭、「オールドエコノミー」銘柄には不当なまでの安値が付いていた。インターネットブームのなかで、捨て置かれたのだ。さらに、われわれはコモディティを生産する企業の株式を買う絶好の機会に恵まれた。二〇〇〇年代初頭、中国をはじめとする多くの途上国が成長する自国の経済のニーズを満たすために、原油やスチールや銅やその他の商品の購入を劇的に増大させたのである。多くの商品で需要が供給を上回るようになり、価格は急騰を始めていた。これに気づいたグリーンヘイブンは、原油や肥料や紙を製造する企業の株式を買った。われわれは適切なときに、適切な場にいたのだ。二〇〇三年から二〇〇五年までの三年間での平均リターンは年利三四％と、S&P五〇〇の一二・八％を大幅に上回った。

私は時折、ディック・オルブライトやフランク・ヒートのポートフォリオが二〇〇〇年から二〇〇五年にかけてどのようになったかと案じることがある。おそらくは、悲惨な状態になったのだろう。忍耐と、落ち着いた感情、そして常識こそが、株式投資においては最も重要な要素となるのである。

二〇〇三年から二〇〇八年までの商品価格の急騰のおかげで、われわれは二〇一一年に至り、ワールプールの株式を相当割安な価格で買うことができた。二〇〇三年から二〇一一年というのは、ワールプールにとっては地獄の日々だったのである。二〇〇三年から二〇一一年まで、鉄鋼や銅やプラスティック（家電製品の製造の主原料となる）の価格は高騰した。銅価格は、二〇〇三年には一ポンド当たり平均〇・八一ドルであったものが、二〇一一年には一ポンド当たり四ドルまで上昇した。この八年間に、一般的な熱延鋼板の国内価格はトン当たり二七〇ドルから六五〇ドルまで上昇したのだ。二〇〇三年から二〇一一年にかけて、ワールプールが年間に費消する原材料費は三五億ドル、収益の一八％も増大したのだ。強烈な向かい風、暴風雨である。さらに、二〇〇七年に住宅市場が軟化を始めると、大型家電の需要は急激に減少する。アメリカ家電製品協会によると、アメリカでの「ビッグ６」家電（洗濯機、乾燥機、冷蔵庫、冷凍庫、食洗器、レンジ）の売り上げは、二〇〇六年の四七〇〇万台から、二〇一一年には三六〇〇万台まで減少した。需要が低迷する環境下、ワールプールは価格を引き上げて、原材料費の高騰を相殺することができなかった。つまり、ワールプールは原材料費の増大、売り上げの減少、そして価格への圧力に同時に襲われたのだ。不幸な事態と言える。

しかし、興味深いことに、このハリケーン級の逆風にもかかわらず、ワールプールは二〇〇三年から二〇一一年にかけて利益を出し続けた。この間、同社が積極的かつ継続的に費用を削減してきたことは、二〇〇四年にＣＥＯ（最高経営責任者）に就任したジェフ・フェッチ率いる経営陣の業績である。原材料の使用量を抑え、汎用パーツの利用を増やすべく製品のデザインを見直し、工場を統合したり、より不動産価格の安い地に移転したり、福利厚生を縮小し、宣伝広告費やその他間接費を削減していった。ワールプールの二〇〇八年の年次報告書には、経営陣が三つの戦略的優先事項を挙げている。最初に挙げられたのが「世界的な費用構造の削減」である。

パーツや部品の世界的なスタンダードに合わせて、当社の製品のデザインを積極的に変更しています。この世界的な取り組みによって、費用を削減し、品質を向上させ、また設計から販売までにかかる時間を短縮しています。五つの工場を閉鎖し、また全世界でおよそ五〇〇〇人の人員削減を行うという厳しい判断に迫られましたが、その結果として二〇〇九年にはさらに費用を削減し、より効率的な経営が可能となります。われわれは、事業のあらゆる側面において、すべての費用を管理し、費用構造を現在の、そして将来の世界的な需要水準に見合うよう、早急に調整していく意向でありま す。（中略）今日、熟考のうえ、断固たる決意を持って取り組んだことで、当社の費用構造全体が大幅に低減されることでしょう。

二〇一一年春、グリーンヘイブンではワールプールのファンダメンタルズについて検討を行った。まずわれわれが感心したのは、費用を削減しようとする経営陣の能力と意思である。二〇一〇年には、家電製品への需要が通常を大きく下回っていたにもかかわらず、同社は五・九％もの営業利益率を確保することができた。たいていの場合、産業自体が逆風にさらされると、企業は利益をまったく出せないものなのだ。しかし、ワールプールは相応な利益を確保したのである。逆風のさなか、五・九％の利益率を確保することができるのであれば、アメリカの住宅市場や家電市場が回復したら、同社は相当な利益を出すことになるであろう。

われわれは、ワールプールの二〇一六年の利益を見積もるためのエクセルモデルを構築した。このモデルでは、そのときまでに住宅市場は回復していると仮定している。ワールプールの収益のおよそ五三％はアメリカで獲得していた。残りは、ブラジルを主とするラテンアメリカ、ヨーロッパ、そしてインドを主とするアジア地域において上げたものである。アメリカ以外の地域における収益ならびに利益率については保守的に見積もるにとどめ、アメリカでの将来の利益を予測することに集中して取り組んだ。住宅市場が回復すれば、アメリカでの収益は二〇一〇年から二〇一六年にかけて、年複利成長率で七～八％は成長するであろうと考えた。次に、われわれはワールプールの営業レバレッジの分析に取り掛かる。過去のデータを検証し、経営者とも対話した結果、収益が一ドル増大すれば、ワールプールの税引き前利益は今後の費用削減（同社はさらなる費用削減に向けていくつかの取り組みを行っている最中だ）を考慮に入れずとも、およそ〇・二〇ドルは増大すると見積もった。そしてわれわれは、二〇一六年の同社の収益はおよそ二五〇億ドル、営業利益率は一〇％で、営業利益はおよそ二五億ドルとなるとの結論に至った。二〇一六年の金利費用を二億七五〇〇万ドル、実効税率を二八％、希薄化後の株式総数を八〇〇〇万株とする。これらの予測を踏まえると、ワールプールは二〇一六年に一株当たり二〇ドル程度の利益を獲得することになる。

この二〇ドルのEPS（一株当たり利益）という予測では、原材料費は安定するとしただけで、低減するとはしていない。私の分析では、二〇一一年から二〇一六年にかけて、スチールや銅の価格が下落する可能性が高いので、ワールプールは追い風を受けることになる。たとえば、銅価格は二〇〇三年に急騰を始めた。これを裏づける数字がある。二〇〇三年から二〇一一年の間、中国の銅の消費量は、三〇五万六〇〇〇トンから七八一万五〇〇〇トンまで、年率一二・四％増加した。二〇一一年、中国は全世界で消費される銅の四〇％を消費したことになる。

私の経験からすると、コモディティ価格が急騰すると、かならず反対の力が働きだすのだ。つまり、価格が上昇することで、生産者は生産量を増大させようとし、一方で利用者は節約したり、代替品（多くの家電製品においてアルミニウムが銅を代替することが可能だ）を利用したりして消費量を抑えようとするのだ。供給と需要には弾力性というものが存在する。そして、たいていの場合、供給が需要を上回り始め、需要と供給の法則が働き、価格が下落するのだ。

産業の状況が厳しくなると、経営陣が「今回は違う。業界は規律が保たれており、供給が過剰になっていることはありません」と口にするのを私は長年にわたり何度となく耳にしてきた。しかし、供給と価格とがカルテルによって支配されている商品を除き、長期にわたって供給が不足したまま置かれる商品を目にしたことがない。目の前の、極めて有利な状況に便乗すべく供給量を増加させようとする経営者が一人二人いれば良いのだ。すると、市場シェアを失うことを恐れたほかの経営者たちも供給の増大を画策し始める。その結果、供給は大幅に増加し、市場は軟化するのだ。価格がカルテルによって支配されていないかぎり、商品価格は循環するのだ。

生産量を増加させるにあたり経営者たちが見せる群本能は、「合成の誤謬」の一例である。つまり、一人または少数の個人や企業にとっては合理的である決定や行動が、個人または企業全体がその決定や行動に従うようになると、結果は全員にとって逆に不合理なものとなってしまうということだ。混雑した劇場で「火事」騒ぎがあると、たった一つしかない出口に向かって観客が同時に殺到するという現象も合成の誤謬の一例であろう。出口に殺到する者が一～二人であれば、彼らはすぐに無傷で逃げ出せるであろう。しかし、多くの人が同時に殺到すれば、結果は悲劇的なものとなる。

私は、生産量の増加を決定する瞬間を目撃したことがある。それは、一九八一年、新聞紙やパルプ、その他紙製品の製造を業とするグレート・ノーザン・ネクーサ・コーポレーションの会長兼社長であったボブ・ヘレンデールから電話をもらったときである。グレート・ノーザンはミシシッピ州のリーフ川のほとりに巨大なパルプ工場を新たに建設しようとしていた。ヘレンデールはその計画の承認を得るべく、取締役会に諮ろうとしていたのであるが、それに先立って、私に提案内容の意見を求めてきたのである。パルプ工場の経済性を決定するのは、パルプ工場の費用が第一であり、グレート・ノーザンがアメリカ政府から得られる投資税額控除、パルプ価格、そして製造・一般管理費である。ヘレンデールの計画は、歴史的にも最も高い水準までパルプ価格が上昇し、また費用はもっとも安い水準にあることを前提としていた。私にしてみれば、グレート・ノーザンの経営陣はどうしても工場を建設したいと考えており、その建設を正当化する条件を前提としているように思われた。グリーンヘイブンが株式を取得するかどうか天秤にかけるときには、たいてい保守的であると思われる前提を採用するようにしている。グレート・ノーザンはまったく反対のことをしているのだ。コモディティを生産する業界に見られる規律と同じである。証券アナリストやファンドマネジャーは、ヒストリカルな価格や費用のトレンドといった統計情報に基づいて決定を下す際には気をつけなければならない。統計は、それが不完全であったり、パルプ工場建設の決定のように、規定の判断を正当化するためのものであったりすると、誤解を招きかねないものとなるのだ。川の深さが平均一メートル弱だからといって、渡ろうとして溺れた統計学者などはその好例であろう。

さて、われわれは、住宅市場が二〇一六年までに完全に回復すれば、ワールプールは一株当たり二〇ドルの利益を上げることができるとの結論に達したので、次は株式を評価しなければならない。これは困難を極めるものだ。私は職業人生のほとんどを企業の評価に費やしてきたが、不確実性ゆえに困惑することがたびたびある。ワールプールの場合も同社の競争上の立場を評価するのが困難であった。同社は業界内でも低コストでの生産が可能であるが、競合他社がほとんど利益を上げられていないことは明らかであった。前向きな条件はほかにもいくつかある。ワールプールは、メイタグを買収したことで主たる競合を排除している。シアーズ・ローバックは市場シェアを失っている（さらに会社全体として問題を抱えている）。GEは、投資を怠ったために生産性やデザインの面で競争力を失っている。しかし、否定的な面もあった。LGとサムスンという二つの韓国企業が、価格を切り下げてでも市場シェアを獲得することに躍起になっている。ワールプールは、韓国企業に対するアンチダンピングの措置を訴え出ているが、その結果は不明だ。それらを総合して、ワールプールは標準化した利益の一五倍とまではいかないまでも、一二倍は上回るだけの価値はある、つまり二〇一六年の株価は二五〇～三〇〇ドルほどになると予測した。ただ、いずれにせよ、さしたる違いはないと思い至る。ワールプールが二〇一六年に一株二〇ドル程度の利益を上げることができれば、PERが一五倍であろうが、一二倍であろうが、はては一〇倍であったとしても、二〇一一年春時点の株価が八〇ドルほどであるのだから、面白い投資となることはたしかである。私は積極的に株式を買い、向こう数年をかけてゆっくりと利益予測と株価評価を改良していくことにした。ホームランを打とうとするときに、ボールがスタンドの前方に入るか、上段まで届くか、または場外に出るか思い悩む必要などない。だから、私はワールプールの株式が面白い投資機会であることさえ分かれば、その評価に頭を悩ませることなどないのである。今しばらくデューデリジェンスを行い、ワールプールに関するウォール街のリポートに目を通したあと、私は同社の株式を買い始めた。

二〇一一年、ウォール街のアナリストたちはワールプールには否定的であったことを記しておかなければならない。アナリストたちは、企業の直近の問題にばかり執着し、長期的な可能性には目が届かない。二〇一一年四月二七日付のJ・P・モルガンのリポートでは、ワールプールが原材料の高騰に苦しみ、価格を引き上げることができず、そして家電に対する需要が低迷していることが同社の現在の株価に反映されていると記されていた。J・P・モルガンは、「中立」という評価を維持したのだ。

J・P・モルガンのリポートは、ワールプールとその株式の短期的な見通しについては正しかったかもしれない。しかし、グリーンヘイブンの投資期間は二～四年であり、保有株の短期的な見通しにはさほど気を配ってはいない。ワールプール株が上昇を始めるまでは横ばいかもしれないし、下落することもあり得ようが、一時的な値動きはわれわれが行った投資の最終的なリターンには何も影響を与えはしない。私はワールプール株を通常はあり得ない打ちごろのボールだと見ていた。もっと打ちやすいボールが来ることを期待して、あり得ないほどの打ちごろのボールを見送るバッターがいるだろうか。J・P・モルガンやほかのアナリストたちが詳しく解説した短期的な問題点はすでに株価に織り込まれている可能性が高く、それゆえ好機なのだと私は考えていた。

私がワールプール株にとりわけ興味をそそられたのは、風向きさえ良ければ、株価は向こう数年で何倍にもなる可能性を秘めていることが理由である。たとえば、もし住宅市場が近々回復し、またスチールや銅の価格が下落を始めれば、ワールプールが二〇一四年に一株当たり一五ドルの利益を上げ、株価も二〇一一～二〇一四年の間に三倍（二四〇ドルまたは、利益の一六倍だ）にもなるとしてもおかしくはないだろう。グリーンヘイブンが長年にわたり獲得した利益の大部分は少数の銘柄がもたらしたものである。実際に、もっと明確に言うならば、一九八七年の設立以来、われわれの成功の大部分は保有する銘柄の一部がもたらしたものである。グリーンヘイブンは顧客に年利二〇％の平均リターンを提供することを最大の目標としている（われわれは通常一五～二〇％を目標と言っているので、二〇％というのは最大の目標だ）。もし保有する銘柄のうち五分の一が三年間で三倍となり、残りの銘柄が平均して年利一二％のリターンをもたらせば、われわれのポートフォリオ全体は二〇％という目標の最大値を達成することができる計算だ。そのため、グリーンヘイブンは何倍にもなる可能性のある銘柄を求めて多大な努力をしているのだ。ワールプールは、潜在的な収益力からすれば、かなり割安に放置されているのであるから、やがて株価が何倍にもなる可能性を持っている。もちろん、そのような銘柄のほとんどが何倍にもなることなく終わる場合が多いのであるが、バットを振らなければホームランは打てない。それに、当初は面白みに欠けるように思われた銘柄が、予期しない前向きな出来事（素晴らしいブラックスワンだ）から利益を享受したり、期せずして完全なる勝者となったりするのだ。それゆえ、われわれは、保有銘柄が合理的な価格付けがなされ、資本を永久喪失するリスクを回避しているかぎりは、最大限投資を続けるのである。私は、何事も二回繰り返すことを好んだかつての上司であるミスター・アーサー・ロスのお気に入りの言葉を反芻する。「ゲームを続けるのだ。ゲームを続けるのだよ、エド」

われわれは二〇一一年前半にワールプールの大きなポジションを構築したが、当時の株価がおよそ八〇ドルであった。二〇一一年後半、家電市場とワールプールの利益は惨憺たるものであり、株価は五〇ドル付近まで下落した。保有する株式が下落するとき、われわれは必ず自問する。われわれが株式を買った理由は今でも有効か（それゆえ下落は一時的な問題にすぎないか）、またわれわれの当初の分析や判断は間違っていないか、と。当初の分析や判断が正しいと確信するならば、われわれは安値を利用して、株式を追加で買うこともある。しかし、当初の分析や判断に誤りがあるとの結論に至れば、自らの誤りを認め、願わくは損失が大きくなる前に株式を売るのだ。われわれは時に誤りを犯すことを認識している。もし誤りを犯さずにいたとしたら、それは保守的にすぎるからだと非難を受けることであろう。お金を稼ぐためには、リスクをとる必要があるのだ。問題は、どの程度までリスクを受け入れるかということだ。この問いに対する回答は一つではない。すべての投資家が、異なる投資目的を持ち、異なる財政状態に置かれ、そしてリスクに対して異なる耐性を有するのだ。

われわれは、二〇一一年の後半から二〇一二年にかけて、ワールプールを追加で買った。二〇一二年、私はウォール街のアナリスト、特にJ・P・モルガンとゴールドマン・サックスのアナリストの意見を継続的に注視していた。そのどちらも、ワールプールは魅力的だとするわれわれの意見とは異なる考えを持っていた。J・P・モルガンは二〇一一年から二〇一二年にかけて「中立」を維持した。二〇一二年二月一日、ゴールドマン・サックスは、ワールプールの予想利益を二〇一二年には四・五六ドル、二〇一四年には五・九七ドルと発表した。そして、同社の株価がたった六二ドル、つまり二〇一四年の予想利益の一〇・四倍にしかすぎないときに、売りを推奨したのである。二〇一二年一〇月二三日、ワールプールは第3四半期の好調な収支を発表し、二〇一二年のEPS予測を六・九〇ドルから七・一〇ドルに引き上げるとともに、次の声明を発表した。「当社は本年度、3四半期連続で営業利益率を改善させております。（中略）新製品の開発、費用削減プログラムの効果ならびに、アメリカ住宅市場の好転によって、当社の業績は今後も改善を続けることでしょう」。翌日、ゴールドマン・サックスは二〇一二年のEPS予測を七・〇九ドルに引き上げ、「売り」推奨を「買い」に転換した。ゴールドマン・サックスのリポートが公表されると、株価は九四ドルまで上昇する。同社が売りを推奨していた九カ月前からすると五〇%の値上がりだ。

二〇一三年はワールプールにとっては、飛躍の年となる。アメリカの住宅着工件数が一八%増大し、九二万五〇〇〇件となり、「ビッグ6」家電の国内販売も九・五%増加、ワールプールのEPSは四二%増の一〇・〇二ドルとなる。このニュースを好感し、株価は年初の一〇一・七六ドルから五四%上昇して、一五六・八六ドルとなる。一羽のコマドリが飛来しても春の訪れはまだ先かもしれないが、ワールプールの芝生には何羽ものコマドリがやってきたのだ。私は、同社の株式に投下した資本が二倍となったことに心躍らせるとともに、住宅関連銘柄に関するわれわれのシナリオが実現し始めたことに喜びを覚えた。

二〇一四年春、売却を検討しているヨーロッパの家電メーカーであるインデシットの買収にワールプールが興味を示しているという噂を耳にした。私はすぐに筆をとり、ワールプールの会長兼CEOであるジェフ・フェッチにインデシットを買収しないよう提案した。ワールプールには明るい未来があるのだ。買収を行う必要などどこにもない。買収はバランスシート（貸借対照表）を毀損し、経営に集中できなくするものなのだ。さらに、ヨーロッパは事業を行うには難しい場所である。失敗に終わる買収が多いのだ。売り手は買い手よりも、状況をよく知っており、買い手には分からない問題や不確実性を知っているものなのだ。フェッチは「型どおり」の手紙を寄越し、買収が株主の利にかなう場合にかぎり、ワールプールはインデシットを買収すると言ってきた。彼がほかに言えることなどないであろう。

七月、ワールプールは二〇億ドルでインデシットの買収に合意したと発表した。クリスとジョッシュ、そして私はすぐにフェッチに電話をかけた。フェッチはわれわれをなだめた。インデシットは三五億ドルの収益を上げているのだから、収益のたった〇・五七倍で買収したことになる。ワールプールのヨーロッパでの事業をインデシットのそれと組み合わせれば、三億五〇〇〇万ドル（税引き後で一株当たり三ドル以上に等しい）の相乗効果がある。それぞれの本社は統合され、工場も統合される。購買力が増大するので、部品の仕入れ価格を引き下げることができる。ベストプラクティスを通じて効率性を高め、研究開発やデザイン部門も統合する。さらに、収益のうち一四億ドルをもたらしているロシアと東ヨーロッパは、長期的な成長拡大の可能性が高い。二〇一三年、ワールプールのヨーロッパ事業は収支トントンにすぎなかったが、二〇一七年ころに相乗効果が発揮されてくれれば、ヨーロッパ事業は七～八％の営業利益率を達成し、収益も七〇億ドルを超えるであろうとフェッチは考えていた。われわれは時間を割いてくれたフェッチに礼を述べて、彼の予想をメモにした。彼が買収を魅力的に見せようとしていることは明らかであった。七〇～八〇億ドルの収益に対し、七～八％の営業利益率を確保するならば、営業利益は四億九〇〇〇万ドルから六億四〇〇〇万ドルになる。買収資金として借り入れた二〇億ドルの金利を二％とすれば、年間の金利費用は八〇〇〇万ドル増加することになる。それゆえ、仮にフェッチの見通しが正しいとしたら、ワールプールのヨーロッパ事業は二〇一七年に税引き前で四億一〇〇〇万～五億六〇〇〇万ドルの利益をもたらし、実効税率を二八％、発行済み株式総数を八〇〇〇万株とすれば、一株当たり三・七〇～五・〇〇ドルの税引き後利益となる。ワールプールはリスクをとったのだ。そして、そのリスクはとるに値するようにも思われる。私はフェッチに否定的な手紙を送ったことを後悔した。早まったのだ。

ワールプールは二〇一四年にも小規模な買収を行っている。中国の家電メーカーである合肥三洋の五一％を買収した。合肥は二〇一三年におよそ三万の販売店を通じて、八億六二〇〇万ドルの家電を販売していた。ワールプールが中国に持つ販売店はたった三〇〇〇にすぎない。五一％の支配権を取得することで、ワールプールは合肥が持つ大量の販売店を通じて自社の家電製品を販売することが可能となり、拠点を拡大させずとも中国での収益が大幅に拡大することが期待できるのだ。合肥の収益は一五～二五％の成長は可能であり、営業利益も八～一〇％には到達するとフェッチは考えていた。二〇％の収益拡大と九％の利益率を前提とすれば、合肥は二〇一六年のワールプールのＥＰＳを〇・六〇ドル増大させることになる。ゲームチェンジャーでこそないが、巨大かつ急成長を遂げる国において、大きな利益増大をもたらすことになるのだ。

われわれがワールプールの株式を買った当初、われわれには一つのコンセプトがあった。つまり、同社や同社の株式は、住宅市場の回復から利益を得るであろう、と。そして、今もう一つのコンセプトを持つに至った。ワールプールには、同社を成長させる方法を模索する優秀かつ野心的な経営陣が存在する。もし同社が家電市場を大幅に上回る速さで、長期的に成長を遂げるならば、ＰＥＲはより高くなるわけだから、このコンセプトは重要である。私はもともとワールプール株を利益の一二～一五倍と評価していた。今や、同社は一五倍を大きく上回るだけの価値があると考えるようになった。それゆえ、ワールプールへの投資は、取得価格の数倍になるまで上昇するであろうし、われわれとわれわれの顧客たちに大きな利益をもたらすであろうことが明らかとなった。さらに、これも等しく重要なことであるが、同社や住宅市場についてのわれわれの考えが正しかったという心理的満足を得たことが大きい。正しかったという心理的な報酬は、金銭的な利益と等しく、いやそれ以上に重要なものである。それには相関関係があるのだ。気分が良ければ、物事もさらにうまくいくであろう。

第11章 ボーイング

私は興味を持った企業の沿革に好んで目を通す。だれが、なぜ、どのようにして創業したのか。その業界はどのようにして成立したのか。歴史は多くのことを教えてくれ、示唆的で、時に面白くもある。こう考えていただければよい。われわれのポートフォリオを構成する企業は、言わば職業上の家族であり、その出自も知らず、両親にも会ったこともないガールフレンドと結婚することなど同意できないのだ。

有史以来、われわれ人類は空を飛ぶこと、特に鳥が空を飛ぶ姿に興味を持っていた証拠がある。鳥が飛ぶことができるならば、人間だってできないはずはない。想像は巡る。ギリシャ神話では、ダイダロスが息子のイカルスに鳥の羽を蝋で張りつけた。イカルスが忠告を無視して太陽に近づくまではダイダロスの道具は機能したが、太陽が蝋を溶かしてしまうと、悲惨な結果に終わる。何世紀もあとの西暦八五二年、アルメン・フィルマンなる男が空飛ぶ鳥のまねをしようとする。彼はコンドルの羽から二つの翼を作り、自らの腕に装着、コルドバ（スペイン）の塔から「飛び」降りた。あっという間に墜落し、背中を強打した。その後一〇一〇年には、イギリスの僧がマームズベリ修道院の塔からチャレンジする。彼は両足を骨折した。それでも人類はあきらめない。一四九六年、セシオという名の男がドイツのニュルンベルクの塔から挑戦する。彼は両腕を骨折した。蝋づけも、塔からの跳躍も、人類の飛行には何の進歩ももたらさなかったのだ。

航空科学を進歩させたのは、かのレオナルド・ダ・ヴィンチである。鳥の飛行を研究した彼は、グライダーや回転翼機やパラシュートといったいくつもの飛行機具の設計を行った。一四九六年、ダ・ヴィンチはグライダーを制作したが、実験に付されることはなく、空を飛ぶという人類の夢は見果てぬままとなっていた。

ガリレオが空気には重さがあることを証明した一七世紀初頭、夢が一歩現実に近づいた。空気に重さがあるのなら、軽い材料で球体を作り、そこから空気を抜けば、空気よりも軽くなり、空に舞い上がることができるのではないか。その乗り物は気球と呼ばれた。軽い部材で作った気球のなかを真空にするのは難しいが、気球のなかを温かい空気（常温の空気より軽い）で満たせば、人類はついに空飛ぶ道具を手にすることができるのだ。一七〇九年八月八日、ブラジル人司祭バルトロメウ・デ・グスマンが紙製の小さな気球を作り、火にかざしたのだ。ポルトガル王家のメンバーが見守るなか、気球は三メートル以上もの高みに上昇した。

気球の技術はその後七五年をかけてゆっくりと発展したが、大幅な進展が見られたのは一七八三年で、気球の存在が広く知られるようなる。一七八三年七月四日、フランスの製糸業者の息子に生まれたジョセフとジャックのモンゴルフィエ兄弟は、リネンの内側を紙で補強した気球を作った。大勢の観衆の目の前で、気球は一八〇〇メートルまで上昇した。その後、九月一九日、フランス王ルイ一六世や王妃マリー・アントワネットや多くの廷臣や群衆が詰めかけたベルサイユ宮殿で、ヒツジと鶏とアヒルを乗せた熱気球を八分間にわたり飛ばせてみせたのだ。

モンゴルフィエ兄弟が気球に熱中していたころ、フランスのジャック・シャルル教授は、ロベール兄弟とともに水素気球の設計と製造に取り組んでいた。ちなみに、一七六六年、空気よりも軽い水素を発見したのはヘンリー・キャベンディッシュである。ジャック・シャルルは、水素気球は熱気球よりも優れたものとなると確信していたのだ。しかし、そのためにはまず、気密性を保てる素材を考案しなければならなかった。そして、ジャック・シャルルとロベール兄弟は、ゴムをテレピン油に溶かし、絹のシートに塗った気密性のある絹布を考案する。一七八三年八月、彼らはその布を縫い合わせた気球を製造し、そこに水素を満たすと、現在エッフェル塔が建っているパリのシャン・ド・マルス公園で試験飛行を行った。その場に立ち合った多くの群衆のなかには、かのベンジャミン・フランクリンもいた。ロープから放たれた気球は、北方へと漂っていき、多くの人々が馬に乗ってそれを追いかけた。気球が二〇キロ離れたゴネスの村に着陸したとき、ゴネスの村人たちは、初めて見る奇怪な物体を恐れるあまり、熊手で引き裂いてしまった。誉れ高い歴史的な飛行の末路は惨憺たるものとなってしまった。

ヒツジや鶏やアヒルが空を飛んだ今、モンゴルフィエ兄弟の興味は有人飛行へと進んだ。一〇月一九日の試験飛行で、三人のフランス人は係留した気球に乗ることに成功した。次は、係留していない気球での有人飛行である。当初フランス王ルイ一六世は、危険を伴う初の有人飛行には有罪判決を受けた罪人を実験台に使うことを提案したが、科学者のジャン・フランソワ・ピラートル・ド・ロジェとフランソワ・ダルランド男爵の二人が名乗り出た。一一月二一日、二人を乗せた気球はパリの中心地から飛び立つと、一五〇メートルほど上昇し、およそ八キロの距離を二〇分ほどかけて飛行した。歴史的出来事となった有人飛行に観客は熱狂した。飛行を目にしたベンジャミン・フランクリンは、その後の日記に次のように記している。「われわれは気球が厳かに離陸するのを目撃したのだ。八〇メートル弱に達したころ、勇敢な旅人たちは、帽子をとって観客たちに敬礼した。われわれはある種の畏敬の念を抱かずにはいられなかったのだ」

一一月二一日の有人飛行を受けて、気球熱はフランス全土を覆った。料理皿には気球の絵が描かれ、椅子や時計の装飾にも用いられた。気球は評判となり、ヨーロッパ全土はそのうわさで持ちきりとなったのだ。

一八世紀後半から一九世紀初頭にかけて登場した熱気球やガス気球は、大変興味深く、衆目を集めるところとなったが、それらがひとつの場所からほかの場所へと移動するには風に頼っていたので、ほとんど実用性はなかった。大きな進展が見られたのは一八五二年である。アンリ・ジファールが、三枚のプロペラを付けた三馬力の蒸気機関を積んだ操縦可能な飛行船を設計した。九月二四日、ジファールは、パリ－トラップ間二七キロの飛行に成功した。しかし、蒸気機関を飛行船に乗せるのは不便極まりなく、また三馬力のエンジンは非力にすぎ、微風程度の向かい風までしか用を足さなかったのだ。つまり、ジファールの飛行船は大きな進歩でこそあれ、空の旅の解決策とはならなかったのである。

その後数十年間、実用的な有人飛行に向けて、ゆっくりとではあるが、着実に進歩が見られた。そのひとつが、一八八四年、フランス陸軍の大尉と大佐が搭乗した電動飛行船、ラフランス号で、追い風や向かい風がありながらも、時速六・五キロで、八キロの距離を周遊した。ラフランス号に積まれた八・五馬力の電動機は、およそ四五〇キロの重さのクロロクロムバッテリーを動力源とするものであった。しかし、バッテリーの重量と能力不足とが原因で、ラフランス号が商業的な有人飛行を可能とすることはなかった。

一八七二年、ドイツの技術者パウル・ヘンラインが、直径四・五メートルのプロペラを付けた内燃機関を動力源とする全長五〇メートルの飛行船を設計する。燃料は石炭ガスであった。一二月一三日、ヘンラインの飛行船はドイツのブルンで試験飛行に成功する。内燃機関による飛行船の試験は、一八八〇年代、一八九〇年代と継続して行われた。そして、一八九〇年代後半までには、商業的に利用可能な、内燃機関を動力源とする操縦可能な飛行船を設計・製造することは可能であろうことが明らかとなってきた。しかし、一九世紀が近づいてくると、ロバート・フロストの詩にもあるように、空は「かくも遠く、住人の苦情にかかわらず、人口が多いよりも、人気がある」ような状態となる。

その後、一八九〇年代初頭、フェルディナント・ツェッペリン伯爵は、全長一二〇メートルの操縦可能な飛行船の試験飛行に成功し、地上六〇〇～七〇〇メートルを時速三〇キロほどで、四〇〇～五〇〇メートル航行した。伯爵が有人飛行に興味を抱いたのは、一八七四年、郵便に飛行船を用いる可能性についての講義を耳にしたときであった。一八九〇年に陸軍から身を引くと、伯爵は耐久性のある構造を持った飛行船の設計に夢中になる。最初の「ツェッペリン号」の試験飛行は、一八九〇年七月二日にドイツはコンスタンツの湖上で行われた。当初の試験飛行はさまざまな問題から失敗に終わったが、一九〇九年までに商業飛行の準備が整うと、伯爵はＤＥＬＡＧと呼ばれた飛行機会社を設立し、一度に最大二〇人までの遊覧飛行を提供し始めた。民間航空の幕開きである。

しかし、航空機の商業飛行が始まるとツェッペリン号による空の旅はあっという間に色褪せることになる。航空機が商業的に利用できるようになるまでには、多くの科学者たちの努力があったわけだが、航空学の父の名を得たのは、第六代ブロンプトン準男爵のジョージ・ケイリーであった。一七七三年、富貴の家に生まれたケイリー卿は、長じて発明家そしてエンジニアとなった。彼は、自動復元救難艇、踏切の自動信号機、シートベルト、火薬を燃料とする内燃機関や、さまざまな種類の「航空機」を発明したことで知られるようになる。航空学における彼の大きな業績として、鳥が飛ぶ仕組みを科学的に解明したこと、翼型が十分な揚力を生み出す仕組みを明らかにしたこと、推力と抗力への理解を深めたこと、そして水平尾翼と垂直安定板を備えた翼と胴体と尾部からなるグライダーの設計などがある。一八四八年、彼は子供が乗れるほどの大きさのグライダーを設計し、飛ばせてみせた。その五年後に制作したグライダーは、成人男性を乗せることができるだけの大きさを備えていた。最初の有人飛行試験は、ケイリーが持つブロンプトンホール領から一・五キロほど離れたところにある、ブロンプトン谷の牧草地で行われた。グライダーを坂の上まで運び、ケイリーの御者の一人であった「パイロット」が乗り込むと、人足たちはグライダーに結んだロープを握り、グライダーが空中に浮遊するまで坂を下っていったのだ。グライダーは小さな渓谷を二〇〇メートルほど飛行したあとに、墜落した。

ケイリー卿は胴体に取り付けた固定翼が人間を空中に浮かせるだけの十分な揚力を生み出すことを証明するのに一役買ったのだ。そして、エンジンを付けたプロペラを使うことでグライダーを前方に進ませるだけの推力を生み出せるとしたら、グライダーは飛行機となるわけだ。一八九六年、アメリカの科学者であり発明家でもあったサミュエル・ピアポント・ラングレーがそれを形にし、エアロドローム・ナンバー5と命名する。ラングレーは、一八三四年、マサチューセッツ州ロクスベリーに生まれた。ボストン・ラテン・スクールに学んだ彼は、九歳にして天文学の書籍を読み始めた。当初、建築家の見習いや望遠鏡の製造でつまずいたあと、ハーバード大学天文台での助手の職を得る。これがきっかけとなり、ほかの天文台でも職を得て、天文学の発展に寄与することになる。一八八六年、太陽物理、特に太陽黒点についての理解における業績を称えて、全米科学アカデミーよりメダルを授与される。その一年後、スミソニアン博物館の三代目館長に就任する。名誉あるこの役職は、彼の能力に対する評価の賜物でもあった。

一八八〇年代になると、ラングレーは航空科学に興味を抱くようになる。彼が初めて取り組んだのは、ゴムを動力とする飛行機であったが、すぐにそのアイデアを取り下げ、小さな蒸気エンジンを用いた実験に取り組むようになる。一八九六年五月六日、蒸気機関を搭載した無人飛行機のエアロドローム・ナンバー5を、バージニア州クアンティコ付近のポトマック川に係留したハウスボートに設置した。初動に必要な推力を生み出すために、スプリングによるカタパルトを用いた。カタパルトから放たれたナンバー5は、時速四〇キロほどで、一キロ弱の飛行に成功した。五月六日に行われた二回目の実験も成功裏に終わった。その後、一一月二八日、無人飛行機エアロドローム・ナンバー6は、およそ一五〇〇メートルを飛行する。一一月二八日の実験にはアレクサンダー・グラハム・ベルが立ち合い、そのときの写真も残している。これらの成功と世間の高い評価とに気を良くしたラングレーは、政府からの予算も獲得し、さらに実験を進め、五二馬力の内燃機関を積んだエアロドロームを設計、実験を成功させる。試行錯誤のあと、ついにラングレーはエアロドロームの有人飛行に取り組むこととなった。一九〇三年一〇月七日、カーネル大学に学んだ機械技師のチャールズ・M・マンリーがパイロットを務め、ハウスボートからの離陸に挑戦したが、横殴りの風にカタパルトは役に立たず、飛行機はすぐにポトマック川に墜落してしまう。パイロットのマンリーが無事であったのが幸運であった。その後、一二月八日、マンリーは二度目の実験に臨む。今回は、カタパルトから放たれた直後、飛行機が分解してしまった。今回もマンリーは無事であった。結果を検証したラングレーは、エアロドロームは五二馬力のエンジンを搭載するにはあまりに脆弱にすぎたとの結論に達する。

エアロドロームの二度目の失敗から九日後、ライト兄弟がノースカロライナ州のキティホークでキティホークフライヤー一号の飛行に成功、歴史を作ることになる。ウィルバー（一八六七〜一九一二年）とオービル（一八七一〜一九四八年）の兄弟は、産業革命が科学や実験への人々の興味をかき立てた時代に、アメリカ中西部で生を受けた。一八七八年、二人の父親は息子が遊べるようにとおもちゃのヘリコプターを買って帰った。そのヘリコプターは全長三〇センチほどで、紙と竹とコルクから作られていた。ローターの動力源は輪ゴムである。ヘリコプターに夢中になった二人は、壊れるまで遊んだ。そして、自分たちでレプリカを作る。何年もあとになって、ウィルバーとオービルは、このヘリコプターこそが、自分たちが飛行に興味を持ったきっかけであると述べている。

ウィルバーもオービルも、高校には通ったが、卒業することはなかった。オービルは一八八九年に高校を中退し、独自の印刷機を設計して、起業家精神あふれる兄弟はウィルバーを編集者とする週刊誌ウエスト・サイド・ニュースを発行する。三年後、近代的な「安全型自転車」が開発され、全米を席巻することになる自転車熱に二人は興味をそそられる。兄弟は、オハイオ州デイトンに自転車の販売修理店を開設し、その後、ライト・サイクル・カンパニーという名の自社ブランド製品も生み出すようになる。一八九〇年代後半、ラングレーの試験飛行の新聞報道に興味をそそられた兄弟は、自分たちで飛行機を設計しようと思い立つことになる。一八九九年五月、ウィルバーはスミソニアン博物館に手紙を書き、飛行機に関する情報提供を依頼している。そして、ダ・ヴィンチ、ケイリー、ラングレーといった先人たちの知恵を足掛かりに、ライト兄弟は飛行機の設計を始めることになる。揚力や推力についての既存の知識が飛行を成功させるためには適切であると二人は考えていたが、操縦に関する問題点は解決されていなかった。鳥や自転車の動きを観察することで、飛行機も旋回するときには傾くべきであるとの考えに二人は行きつく。そして、翼の形を変え、旋回するときには飛行機が傾くことが可能となった。このほかにも兄弟は、ヨーイングを抑えるためにゴムを用いるなど、パイロットが飛行機をコントロールできる方法や装置を生み出した。飛行機をコントロールするための新しい方法を用いて、一九〇〇年半ばから一九〇二年の秋にかけて、ふたりは七〇〇回を超えるグライダーの試験飛行を行った。成功を積み重ねていくことで、兄弟は動力源を持った飛行機を制作する準備が整ったことを確信する。一九〇三年初頭、フライヤー一号が完成し、風洞実験が行われる。フライヤー号に搭載する軽量かつ効率的なモーターを見つけることができなかった二人は、自分たちの店の技術者であるチャーリー・テイラーにエンジンを製造するよう依頼する。テイラーのエンジンは一二馬力であり、サミュエル・ラングレーのエアロドロームで強力すぎることが証明されていた五二馬力をはるかに下回るものであった。

一二月までに、フライヤー号は準備万端となった。ウィルバーがパイロットを務める試験飛行は一二月一三日に行われたが、すぐにエンジンが止まってしまい、飛行機が飛んだのはほんの三秒間だけであった。細部の損傷を修理したあと、一二月一七日午前一〇時三〇分、二度目の実験が行われ、オービルが操縦するフライヤー号は一二秒間、四〇メートル弱を無事に飛行した。この試験飛行には五人が立ち合い、そのうちのジョン・ダニエルズが飛行中の飛行機を写真に収めている。その日、あと三回の有人飛行が行われ、オービルとウィルバーが交代でパイロットを務めた。四回目の飛行では、五九秒間、二六〇メートルを飛行する。ライト兄弟の名は一躍知れ渡るところとなる。

一九〇四年から一九〇八年にかけて、兄弟は自分たちの飛行機の信頼性と操縦性とを向上させるべく、改良に取り組んでいた。大きな進展が見られたのが一九〇八年八月、フランスはルマン近郊のユノディエールの競馬場で、ウィルバーが八の字飛行も含めた技術的にも高度な飛行を実施したときである。このとき、何千という観衆が見物に来ていた。当初フランス人たちは、ライト兄弟の成果には懐疑的であったが、ユノディエールでのデモンストレーションを終えると、兄弟は英雄として迎えられることになる。フランスの飛行機の先駆けであったルイ・ブレリオは、「ライト兄弟はハッタリにすぎないと長いことヨーロッパでは批判されてきたが、今日、彼らはフランスでも尊敬の対象となったのだ」と記している。ライト兄弟と航空全般が新聞の一面を飾るようになった。

その後の数年間、史上初の出来事が次々に起こる。一九〇九年、女性初のパイロット（女性男爵ドラローシュ）が出現する。一九一〇年、アメリカ海軍のパイロットが艦船から飛行機を離陸させる実験を行う。同じく一九一〇年、アンリ・ファーブルが水上飛行機の飛行に成功する。一九一二年、ハリエット・クインビーがブレリオの作った単葉機でドーバー海峡の横断に成功する。そして、一九一四年、連合国とドイツのパイロットが互いにピストルとライフルとで狙撃を行い（大した効果はなかった）、史上初の空中戦が行われることになる。

一九一四年七月四日、航空史に大きな影響をもたらした飛行がワシントン州シアトルで行われた。その日、テラ・マロニーという名の旅芸人が、シアトルでの独立記念日の祝祭の一環として、デモンストレーションの飛行を行うために雇われた。カーチス社のフロート付き水上飛行機でアクロバット飛行を披露したあと、着陸したマロニーは観客に無料の観覧飛行への参加を呼びかける。観客の一人がすぐに名乗りを上げた。材木会社の裕福なオーナーであったウィリアム・エドワード・ボーイング、その人である。ボーイングはすっかり飛行に魅せられてしまった。それは終生、変わることはなかった。

ウィリアム・ボーイングは、一八八一年、マリーとウルヘルム・ボーイングの子としてデトロイトで生を受ける。ウルヘルム・ボーイングは、二〇歳のときにドイツからアメリカに移住し、やがて森林の所有者として成功する。ウィリアム少年は、スイスのボーディング・スクールでその青春を過ごすことになる。後にエール大学に学んだ彼は、ワシントン州グレーズハーバーで自身の材木会社を興すために大学を中退してしまう。

ボーイングが初めて飛行機に興味を持ったのは、一九一〇年にロサンゼルスでの航空ショーに参加したときであった。航空ショーからシアトルの自宅に戻るとすぐに、友人のジョージ・コンラッド・ウエスターバレットに接触する。彼は、ＭＩＴで航空学を学んだアメリカ海軍の技師であり、ボーイングは飛行機を建設できるかどうかを知りたがったのだ。当初の議論は事前準備のためのものであった。しかし、一九一四年にボーイングがマロニーとの飛行を済ませると、議論は熱を帯び、ついには航空機製造の事業を起こすことを決めるに至る。ウエスターバレットが単発のフロート水上機を設計し、ボーイングが資金と「製造工場」を準備した。それは、ボーイングが所有していたユニオン湖畔のボートハウスであった。一九一五年、ウエスターバレットは航空機の設計に取り掛かる。一方、ボーイングは飛行士のパイオニアであったグレン・マーティンから飛行訓練を受けるべくカリフォルニアに向かった。ウエスターバレットが最初に設計した飛行機は、Ｂ＆Ｗと名づけられた双フロート水上機で、一九一六年の晩春までには飛行が可能なまでになっていた。七月一五日、ウィリアム・ボーイングが操縦する飛行機は、ユニオン湖上を走行すると、スピードを上げ、やがて堂々と大空へ舞い上がっていった。この最初の飛行と、六月後半に行った次の飛行で、飛行機は技術的には成功したことが確認された。七月までに、ボーイングはB&W飛行機の大量生産に取り掛かる準備を整える。彼は、航空機を製造販売するパシフィック・エアロ・プロダクツ・カンパニーという名の会社を設立する。アメリカ海軍が営業先であることは明らかだ。しかし、海軍はボーイングを退け、実績に勝るカーチスの水上機を採用した。それでもあきらめないボーイングは、やっとニュージーランドの航空学校に二機を納入することができた。パシフィック・エアロ・プロダクツ（一九一七年にボーイング航空機会社と改名される）は、事業としての途に就いたのである。

幕を開けた航空学は、日進月歩の進歩を見せる。一九一六年下旬、ボーイングは水上機の設計改良を行い、新型機をモデルCと名づけた。モデルCは一九一七年四月に市場に投入されることになるが、まさにその月に、アメリカは第一次大戦に参戦するのだ。ボーイングは、海軍がいまこそ訓練機を必要としていると確信する。彼は正しかったのだ。海軍はモデルCを二機発注し、フロリダ州ペンサコーラにある海軍航空基地へ搬送する。飛行機は優れたパフォーマンスを示し、海軍は五〇機を追加注文する。これによって、ボーイングは一躍名を馳せることになる。

　ボーイングの事業が戦時中に花開いたことは言うまでもないが、戦争終結後に急速に失速したことも予想どおりである。これに対し同社は、民間航空機を設計することで対応する。釣り好きなら、アメリカ北西部に多くある、隔絶した湖へ近づく手段として興味を持つことだろう。こういった需要を満たすために、ボーイングは当初B－1と呼ばれる小型の水上機を設計したが、ほとんど売れなかった。航空学への興味は、第一次大戦の終結とともに薄れてしまったのだ。

　しかし、一九二七年のチャールズ・リンドバーグによる「スピリット・オブ・セントルイス号」での大西洋横断飛行が広く伝えられると、飛行機熱が一気に高まり、ボーイングもどうにか一三機のB－1を販売することを得た。一三機というのはけっして大きな数字ではないが、空の旅がいまだ不快な新商品でしかなかった一九二〇年代においては、称賛に値する業績である。当時の乗客は、エンジンの騒音を防ぐために、耳に綿を詰めていたくらいなのだ。客室は与圧されておらず、そのため飛行機は山の稜線に沿って飛行しなければならなかった。夜間の飛行など危険きわまるものである。一九二〇年代後半に至っても、旅行者がアメリカを横断するには、飛行機よりも列車のほうが速かった（おまけに、よほど快適だった）のだ。一九二六年、民間航空機を利用したアメリカの旅行者はたった六〇〇〇人にすぎなかった。

一九二〇年代から一九三〇年代初頭にかけて、ボーイングは多くの飛行機を軍隊に納入したが、民間航空機に至っては、一九三三年に２４７を投入するまでは、ほとんど売れなかったのだ。双発の２４７は革命的とも言えるもので、世界初の近代的な飛行機だというのが一般的な認識である。一〇人の乗客と三人の乗務員を収容できる２４７は、時速三〇四キロで、燃料補給をせずとも一二〇〇キロ飛行することができた。これが、ニューヨークと西海岸とを、七地点を経由しながら、二〇時間でつなぐ定期便として用いられた最初の飛行機である。２４７に代わるより大きな３０７ストラトライナーを投入するまでに、ボーイングは七五機を販売する。ストラトライナーの収容量は、乗客が三三人、乗務員が五人である。時速は三五〇キロ、飛行距離は三八〇〇キロに及んだ。重要なことは、このストラトライナーの客室は与圧されており、それゆえ、山の上だけでなく、乱気流の上空も飛ぶことができたのだ。ストラトライナーは勝者となるはずであったが、初飛行は一九三八年の大みそかになってからであり、同機がその地位を確立する前に、第二次大戦が始まってしまったのだ。その後、製造されたのはたった一〇機である。

ボーイングは、連合軍がドイツを打ち負かす一助となる。ボーイングB－17フライング・フォートレス爆撃機とB－29スーパーフォートレス爆撃機は伝説となる。B－17は一万二五〇〇機以上、B－29は三五〇〇機以上製造される（ボーイングが自社で生産したものもあれば、生産能力に余裕のある他社に製造させたものもある）。第二次大戦中、ボーイングは繁栄を極めたが、戦争が終結すると、空軍が大量の注文をキャンセルしたため、ボーイングは雇用を七万人も削減せざるを得ず、再び民間航空機へとその労力を向けることになる。そして、B－29を改良し、エンジンを四機搭載した大型旅客機、377ストラトクルーザーと改名すると、一九四七年半ばに初飛行を行った。しかし、破壊的な技術、つまりジェットエンジンの登場によってストラトクルーザーはあっという間に時代遅れとなる。一九四九年半ばには、デ・ハビランド・エアクラフト・カンパニーがコメットジェット機の試験飛行を始め、三年後にはコメットの商業飛行を開始する。ボーイングがこれに対応しなければならなかったのは明らかだ。そして、同社は動き出す。一九五二年には、707ジェット機の開発を開始、二年後には試験飛行をはじめ、一九五八年には商業飛行に用いられるようになる。707はヒット製品となり、世界的にもトップの民間航空機となった。

その後三〇年にわたり、ボーイングは巨大かつ繁栄を極める企業へと成長していった。さまざまなサイズの旅客機を投入し、人気を博しただけでなく、高い技術力を要する軍用機や軍事システムの生産でも業界を先導した。さらに、一九九六年には、ノースアメリカン・アビエーションを、一九九七年にはマクドネル・ダグラスを買収し、規模・生産量ともに大幅に拡大させた。一九六〇年から二〇〇〇年にかけて、ボーイングの収益は、一五億六〇〇〇万ドルから五一三億二〇〇〇万ドルへと増大、純利益も二五〇〇万ドルから二一億二八〇〇万ドルへと増大した。

一九九〇年代に入り、ボーイングは、もはや時代遅れになりつつある767にかわる機種の投入が必要なことを認識する。同社には、当初二つの選択肢があった。一つは、音速での飛行が可能で、767と同等の燃費を誇るもの。もう一つは、747の拡張版で、エアバスが開発しているA－380と正面から競合するものである。しかし、二〇〇二年に至り、ボーイングはそのどちらの選択肢をも捨て去り、カーボン製で、軽量かつ燃料効率に優れた航空機の製造を目指すことになる。それは、速度や収容量を優先するのではなく、燃料効率を二〇％も向上させることを目指したものであった。新型機は、787ドリームライナーと命名される。ボーイングはこの機種の基本設計を二〇〇三年末までに完成させると、その四カ月後、日本のANA（全日本空輸）がローンチカスタマーとして五〇機を発注する。二〇〇五年末までには、総計で二八八もの注文が入る。当初からたくさんの注文が殺到したことは、燃費の良い新型機の必要性を実証するものであった。

787には多くの新技術が投入されている。以前は旅客機の機構に用いられることはなかった、軽量かつ頑丈なカーボン繊維材が、胴体や翼など飛行機の主たる構造部分の五〇％ほどに用いられている。それ以外にも、史上初という試みがたくさんある。機体の各部分に、複合材料が用いられているのはその一例だ。ボーイングのそれまでの飛行機では、各部分が、四万以上の留め具で結合されたおよそ一五〇〇枚のアルミニウムの板から構成されていた。また、787では、新たな油圧系統、エンジン、着陸装置、電子制御、航空電子工学、そしてリチウムイオンバッテリーが用いられ、部品数は二三〇万に上るのだ。その新しさと複雑さにもかかわらず、ボーイングは通常は六年かかる開発を四年に短縮し、初の試験飛行を二〇〇七年八月に行うとしたのだ。

しかし、二〇〇七年一月、787の計画に遅れが見られ始めた。部品の納入業者に遅延が見られはじめ、留め具の一部で接合不良が起こり、翼部には再設計が必要な部分も見つかり、さらにはソフトウェアの一部は未完成であった。予定よりも二年以上遅れた二〇〇九年一二月一五日、ついに787はワシントン州エバレットの滑走路に姿を現し、三時間にわたる初の試験飛行を行った。その後およそ二年をかけて、ボーイングは787の試験を繰り返し、いくつもの「バグ」を見つけては、補正していった。投資家の多くは、このバグを取り上げてボーイングを非難したが、私はむしろボーイングに対しては好意的であった。私にしてみれば、二三〇万にも上る部品を、新たに設計した飛行機に、何の欠陥もなく組み込めるとするほうが不合理であるし、787の構造やシステムは新しい、先進技術によるものなのであるからなおさらのことである。

二〇一一年九月二七日、およそ三年の遅れのあと、787の一号機がANAに納入される。三〇日後、試験飛行と訓練を終えた機体は商業飛行に付され、満員の乗客を乗せて、東京から香港へと飛んでいった。ANAがこの就航飛行のチケットをオークションにかけたところ、最高で一席三万四〇〇〇ドルの値を付けたのだ。

しかし、787はその後も初期故障に頭を悩ませることになる。二〇一二年二月六日、ボーイングは胴体部分での製造ミスを発見したと発表した。二〇一二年七月二三日、ロールス・ロイス製のエンジンにも不具合が見つかる。五日後、787のエンジンは試験中に止まってしまったのだ。九月五日、左側のエンジンから白煙（白煙は、油圧系統の故障が原因である）が吹き出し、ＡＮＡはフライトを取りやめざるを得なくなってしまった。一二月五日、燃料漏れの報告を受けて、アメリカ連邦航空局（ＦＡＡ）はすべての７８７の調査を指示した。

二〇一二年後半、メディアやウォール街は、この問題山積みのボーイングに対して批判的であった。それらの批判的な意見に目を通すと、この否定主義がボーイングの株価を押し下げ、また初期故障が解決されれば、株価は大幅に上昇するであろうと思われた。私は、同社の調査と分析を行うことを決めた。

まずは、ボーイングのバランスシート（貸借対照表）からである。まず気づいたのは、同社は負債額よりも多くの現金を保有しているということだ。それも、７８７の開発に二〇〇億ドル以上の投資を行ったあとで、である。一方で、同社は巨額の年金・健康保険の負債を抱えていた。五年前には八二億ドルであったものが二三〇億ドルである。株式を買うまでにはこのバランスシートに計上された二三〇億ドルの負債を精査しなければならないが、その前にほかのファンダメンタルズの分析を行った。

ボーイングには二つの事業がある。一つは民間航空機、もう一つは軍用機である。大型の民間航空機の生産は複占状態にあり、参入するにはあまりに高い障壁がある。それは、787を製造するために必要となった技術や製造費を見れば明らかであろう。高い尊敬を集めるハーバード大学教授のマイケル・ポーターは、企業の長期的な収益力を決定する五つの要素を挙げている。ボーイングの民間航空機事業は、ポーターのファイブフォース分析をやすやすと通過する。

1．新規参入業者の脅威

新規参入業者が、ボーイングやエアバスの巨大な飛行機と競合できるだけの機体を開発し、試験するには、何十年という時間と、何百億ドルという資金とが必要になる。さらに、新規参入業者は、航空会社や顧客からの信頼を獲得しなければならないのだ。

2．代替品の脅威

私には、高速鉄道や船舶、または新しい未来の交通手段が飛行機の需要を蝕むことは当面あり得ないことのように思われる。

3. 供給企業の交渉力

供給業者にしてみれば、ボーイングは極めて重要な顧客であり、ボーイングは供給業者を競わせることができる立場にある。供給業者が価格を引き下げなければ、他社に商売を回すと言えば済むことなのだ。それだけに、ボーイングは価格交渉の場で強力なバーゲニングパワーを持つことになる。

4. 買い手の交渉力

航空会社は、ボーイングとエアバスの両社から引き合うことはできる。しかし、ボーイングの機体は特定の需要に対してはエアバスよりも優位だ。特に、ボーイングの777は、エアバスの長距離用の大型機に比べると優位性があるように思われる。また、787はその燃料効率の良さが競争優位をもたらしている。787のあらゆる問題点や評判の悪さにもかかわらず、ボーイングは七九九機もの注文を獲得し、その額たるや一〇〇〇億ドルにも上るのだ。結局のところ、民間航空機事業には競争があるのだが、あくまで限られたものである。飛行機がコモディティ化することは当面あり得ないのだ。

5. 競争企業間の敵対関係

ボーイングとエアバスはライバル関係にあるが、両社とも大量の受注残を抱えており、そのことが競争を和らげている。二〇一二年一二月、ボーイングは四三〇〇機の受注残を抱えており、二〇一二年に納入した六〇一機を基準にすれば、七・一年分の生産量に匹敵するのだ。

またボーイングには、優秀かつ経験豊富な経営陣がおり、航空会社や利用者たちからも高い評価を得ている。さらに、新しい飛行機への需要は大きいため、ボーイングの年間生産量も、二〇一二年の六〇一機から、二〇一五年には七五〇機を上回るまで増加することが見込まれている。同社の民間航空機事業は成長著しいものなのだ。アメリカ政府は防衛関連の支出を抑えようとしている。需要の減少の一部は、外国政府からの需要が増大していることで相殺されており、結局のところ、ボーイングの防衛関連の収益は、二〇一二年から二〇一五年にかけてわずかに減少したにすぎない。一方で、ボーイングは費用の削減を行い、防衛関連の利益が横ばい、または増加するまでになっているのだ。

予備的な分析に基づき、私はボーイングの将来の利益モデルを構築した。そのモデルによれば、同社は二〇一五年に一株当たりで少なくとも七ドルの利益を獲得する。その時点での株価はおよそ七五ドルであったので、七ドルの一一倍をわずかに下回る水準である。健全かつ安定した企業にしてみれば、極めて低いPERである。それだけに、ボーイングのファンダメンタルズを深く掘り下げて調査する必要があると私は感じた。

その後の数週間、ボーイングの研究を行い、同社の将来像に思いを巡らせたあと、私はより詳細なEPS（一株当たり利益）モデルを構築することにした。このモデルは次の要素から構成されている。①ボーイングが製造する民間航空機の各モデルの二〇一五年の利益予測、②防衛部門の二〇一五年の利益予測、③調査や年金や金利の純額など営業外費用、④実効税率、⑤発行済み株式総数の予測――である。

民間航空機の利益を算出にするにあたり、ボーイングは「プログラム」会計を用いている。プログラム会計では、ボーイングはまず既存のモデルがどれだけ製造されるか、保守的な見積もりを立てる。この数量をブロックサイズと呼ぶ。次に、このブロックに含まれる飛行機の期待される売価の平均と、予想される費用の平均とを見積もる。こうすることで、ブロックの各飛行機の収益性は比較的安定し、ブロックの規模や平均売価やコストなどで大幅な見直しが行われないかぎりは、見通しを立てやすくなるのだ。私は、ボーイングの各モデルの収益性を大まかには把握していたが、それぞれの生産率予測を知ることで、各モデルの二〇一五年の利益を見積もることができた。まず気がついたのは、787は二〇一五年にはかろうじて黒字になる程度だということだ。入手した情報によれば、787の平均売価はおよそ一億二五〇〇万ドルであり、一方、初期の一一〇〇機の生産にかかる現金費用の平均は一億ドルを超えるのだ。つまり、現金利益は一機当たり二五〇〇万ドルを下回るのである。ボーイングは、787の設計と生産開始前の開発費の二〇〇億ドル以上を資産計上しており、これを一機当たり約二〇〇〇万ドルずつ、一一〇〇機にわたり償却しているのだ。つまり、787の現金利益は平均二五〇〇万ドルほどにはなるが、計上される利益額は三〇〇～四〇〇万ドルにすぎないと予測できるのだ。二〇一五年における ボーイングの787の生産は一二〇機と見込まれる。それゆえ、二〇一五年の787での営業利益はたった三億六〇〇〇万～四億八〇〇〇万ドル、税引き後の一株当たり利益にすれば、〇・三〇～〇・四五ドルにすぎないのだ。

その後、ボーイングの防衛部門の利益をおおむね横ばいとし、787の生産が開始されたので、研究開発費は若干減少させ、金利費用も横ばいとした。

次に、年金費用を精査する段である。ボーイングは損益計算書を作成するにあたり、G

AAP（一般会計原則）を採用している。GAAPでは、年金負債や年金費用を算出するにあたり、将来の負債は時間価値を反映させるために割り引かれる。用いられる割引率は、債券の長期金利である。二〇〇八年から二〇一二年の間に、長期金利はおよそ二・二五％下落した。これは、ボーイングが計上する年金負債や年金費用が急激に増大することを意味する。二〇一二年末時点での金利は異常なまでに低く、それゆえボーイングのバランスシートに計上される年金負債は過大であり、損益計算書の利益は過少であると私は確信していた。将来、金利が一％上昇すれば、ボーイングの年金負債と年金費用は、それぞれ九一億ドルと九億三〇〇〇万ドルずつ減少するのだ。つまり、金利が二〇〇八年の水準まで戻れば、ボーイングの年金負債と年金費用は、それぞれ二〇〇億ドルと二〇億ドルも減少するのだ。この結論に達するや、同社の年金負債の大きさについての私の懸念はもはや消え去り、むしろ、実際の年金債務の積み立てにかかる費用は、GAAPに基づいて計上される費用よりも大幅に少ないのであるから、同社の利益は過少に計上されていると確信した。年金会計での同様の差異を多くの企業が経験しており、それゆえ実際の経済的費用を反映した調整済み年金費用によるGAAPに基づかない利益を公表し始めた企業も多い。ボーイングもこれを採用すべきであろうか。その可否は私には分からないが、自分のモデルでは、GAAPに基づくもの、年金制度の実際の経済的費用に基づくもの、二つのEPSを用いることにした。

ボーイングの実効税率と、希薄化後株式総数とを予測し、改めてモデルの合理性を確認する。合理的だと思われる前提に基づき、私はボーイングの二〇一五年のGAAPによる一株当たり利益をおよそ七・五〇ドル、GAAPに基づかないそれを八・二五ドルとした。

次に、株式の評価である。二〇一五年、同社の予想利益額の三分の二は民間航空機からのものであり、残りの三分の一が防衛関連である。ボーイングの民間航空機事業は非常に魅力的であり、利益の二〇倍近い価値があると思われた（結局、一九倍とすることにした）。一方、防衛関連事業は二つの分野に分けられる。一つは、アメリカ政府への納入であり、これは平均以下の事業である。もう一つは、外国政府への納入であり、これは平均を上回る事業である。結局のところ、私は防衛関連事業を一五倍としたので、企業全体としてはおよそ一七・七倍ということになる。PER一七・七倍をGAAPに基づかない予想利益に当てはめれば、二〇一五年のボーイングの株価は一四五ドルということになる。

現在の株価が七五ドル程度のときに、一四五ドルという評価にはあらがいがたい魅力があるのだが、株式を買う前に検証しなければならないリスクがある。それは、787のプロジェクトが問題を解決できなかった場合である。787はおよそ二年にわたり試験が行われ、FAAの認可も取得し、実用に供された。ボーイングの経営陣は技術畑の者が多く、技術的な問題を見事に解決してきた歴史がある。しかし、もし近年発生した問題点の多くが単なる初期故障ではなく、解決不能で、やがては大量のキャンセルにつながったとしたらどうだろうか。もし当初予測もできなかった問題が原因となって、墜落する飛行機が一機、二機と出てきたらどうだろうか。私の知るかぎり、787のプロジェクトが破棄される可能性はなきに等しいが、もしそうなったらどうなるだろうか。ボーイングの信用にも大きな打撃であろう。しかし、解約による違約金は、ボーイングの強固なバランスシートからすれば大したことはないであろう。また、787は、二〇一五年のボーイングの収益の一八%程度を占めるにとどまり、利益に至っては四～五%程度といったところである。787で重大な問題が発生すれば、ボーイングの株価は急落するであろうが、それでも二〇一五年のGAAPに基づかない予想利益は一株当たり七・五〇ドルを上回るものであり、たとえ一株七五ドルで買ったとしても、投資家にしてみれば大きな安全域が確保されていることは明らかだ。

二〇一二年一二月から二〇一三年一月にかけて、われわれはボーイング株で大きなポジションを構築した。一月七日、まだ株式を買っている段階であったが、ローガン空港に駐機中の787のバッテリーが発火した。その後、一月一六日には、ANAが所有する787のバッテリーの一つが発火したため、緊急着陸した。二度の発火を受けてFAAがすべての787の運航停止を命じると、ボーイング株は三・四％急落し、七四・三四ドルとなった。

一月一七日木曜日、私はとある運用者から電話を受けた。彼は、787の問題が悪化すると、飛行機の信頼性に疑義があったにもかかわらずボーイング株を買ったことを顧客から責められるのを恐れて、ポジションを解消しているというのだ。私は、たとえ787の問題が尾を引いたとしても、ボーイングはほかのモデルで繁盛しているので、投資家には十分な安全域があるのだと、この運用者を説得しようとした。私の分析も聞き流されるだけで、彼はすべての保有株を売ってしまった。ファンドマネジャーには二つのゴールがある。一つは、優れたリターンを上げること、もう一つは顧客を喜ばせ続けること、だ。私にはゴールは一つしかない、高いリターンを上げること、だ。高いリターンを獲得する（資本を永久喪失するリスクを負うことなく）ことができれば、顧客も喜ぶであろう。もし顧客がいわれなき理由で不満を感じるのであれば、グリーンへイブンを去って、別の運用会社を選択してくれて構わないと思っている。

二〇一二年二月から三月にかけて、ボーイングは787に搭載するリチウムイオンバッテリーにエンクロージャーを設け、将来仮に発火した場合でも延焼を起こさないようにした。この計画にFAAは満足したようで、四月一九日、FAAは運航停止命令を解除した。ボーイングの株価は一月二九日に七三・六五ドルで底を打つと、二月中は七〇ドル台半ばを維持、三月になってバッテリーの問題に解決のめどが立つと、株価は再び上昇を開始した。四月一九日、株価は八七・九六ドルを付ける。その六カ月後、一二二・五二ドルまで上昇する。一月半ばにおよそ七五ドルで株式を売却してしまった運用者は大きな誤りを犯したことになる。私にしてみれば、投資事業では、株式を保有するリスクもあるが、良好なリスク・リワードを持つ株式を保有しないリスクもあるのだ。割安な株式を保有しないリスクは、機会費用である。その最たる例が、顧客の口座でTビルばかり買っている運用者たちであろう。税金やインフレによる影響を勘案すると、Tビルしか買わない顧客は、長期のうちにその実質資産を大きく毀損させているのだ。しかし、運用者が顧客の口座でボーイング株を買っていれば、その顧客は大きな利益を獲得し、将来投資で損失を出すことがあったとしても補って余りあるだけの収益を獲得するであろう。七五ドルの初期投資が一二二ドルとなれば、四七ドルもの緩衝域があるのだ。分別ある攻撃が、時に最良の防御となるのだ。

ボーイング株は、二〇一三年秋も上昇を続け、一三六ドルでその年を終えた。ここまで来ると、ウォール街も787のプロジェクトは成功し、ボーイングは大きな利益を獲得して、手にしたキャッシュフローを自社株買いに充当するであろうと考えるようになる。ボーイングの中期的な潜在余力の多くが株価に反映されたと思われたので、われわれはポジションを縮小させ始めた。

私は、ボーイングのように、合理的かつ解決可能な問題ゆえに一時的に株価が低迷しているが、健全で成長する企業に投資したいと考えている。しかし、その弱さゆえの問題に苦しんでいる脆弱な企業には投資したくはない。そのような企業の経営陣は、往々にして利益とファンダメンタルズを改善する計画なるものを発表するのだが、企業全体を再生させるのは難しく、満足いく結果を得られることなどめったにないことは経験が教えるところである。

第12章

サウスウエスト航空

二〇一二年八月、ジョッシュが満面の笑みを浮かべて私のオフィスに入ってきた。そして、こう言うのだ。「一つアイデアがあります。ただあなたは好きになれない話だと思う。はっきり言えば、嫌いだと思います。僕のことを永久追放にするかもしれません。僕のアイデアというのは、航空会社です。サウスウエスト航空です」

ジョッシュの言うとおりだった。航空会社というのは悲惨な事業であることを私は知っている。最悪の部類だろう。飛行機を一つの都市から別の都市に飛ばすのに必要となる労働力や燃料、その他の営業費用は、乗客が一〇〇％搭乗していようが、五〇％しかいまいが、さては空っぽであろうが、ほとんど変わらないのだ。それゆえ、航空会社というのは、出来得るかぎり客席を埋めようという強い財政的なインセンティブを持つことになる。乗客の多くは航空券の価格だけを頼りに便を選択するので、航空会社は伝統的に最安値を提供することで客席を埋めようとするのだ。その結果が、航空会社間の厳しい価格競争であり、さらに言えば破壊的なまでの価格競争である。ライト兄弟の時代から航空業界が積み重ねた利益などほとんどないことを見れば、その破壊力は知れよう。

さらに、航空業界は飛行機を取得するにもリースするにも高額であるため、極めて資本集約的な事業なのだ。利益がほとんどないなかで、ほとんどの航空会社は飛行機を購入するために大きな借り入れを起こさざるを得ず、それゆえ多額の借り入れやリース債務を抱えたバランスシート（貸借対照表）となるのだ。

不景気になると、多くの航空会社が多額の金利やリース債務の支払いができなくなり、破産せざるを得ず、姿を消すことになるのだ。パンナム（一九二七～一九九一年）、TWA（一九二五～二〇〇一年）、イースタン（一九二六～一九九一年）、そしてブラニフ（一九二八～一九八二年）といった具合である。ウィキペディアによれば、一九七九年から二〇〇一年にかけて、五二のアメリカの航空会社が破産を申請したという。驚くべき数字だ。ウォーレン・バフェットがバークシャー・ハサウェイの年次報告書で株主に宛てて記していることだが、「先見の明のある資本家がキティホークにいたとしたら、彼は子孫のためにもオービルをやっつけておくべきだったろう」。

二〇〇一年から二〇一一年は、航空業界にとっては悲惨極まる時期であった。九・一一の結果、旅行客が激減するや、燃料費が急上昇。そして、二〇〇八年から二〇一〇年の不況期には再び旅行客が激減した。アメリカの巨大航空会社のほとんどが二〇〇〇年代には巨額の損失を抱え、息絶え絶えであったのだ。ユナイテッド航空が破産を申請したのが二〇〇二年、二〇〇五年にはデルタとノースウエストが、二〇一一年にはアメリカンが同じく破産を申請した。

二〇〇〇年代の悲惨な状況が、航空業界の繁栄のきっかけになるとジョッシュは考えたのだ。その理由はこうである。巨額の損失を抱える航空会社には、新たに大量の飛行機を購入する財政的なインセンティブも資金もありはしない。むしろ彼らは、効率の悪い飛行機を売却して費用を削減したいくらいなのだ。そして二〇〇〇年から二〇一一年にかけて実際にそれが行われ、国内航空会社の実質的な収容量は、七一五〇億座席マイルから三・一％減少して、六七九五億座席マイルとなった。同じ一一年間で、国内飛行の需要は、人口増加が主な要因となって五〇二三億座席マイルから一二・四％増大して、五六四七座席マイルとなった。結果として、二〇〇〇年には平均七一・六％の稼働率であったものが、二〇一一年には八三・一％となった。

不人気な時間帯のフライトや、人気のない地域へ飛ぶフライトのほとんどで、多くの空席があるのだから、航空業界全体での稼働率が八三・一％ということは、より人気のあるフライトは満席で稼働しているか、順番待ちになっているということだ。

国内航空会社からの新しい飛行機の発注が乏しければ、収容量は絞られるばかりだというのがジョッシュの考えである。収容量がさらに絞られれば、国内航空会社は価格を引き上げることができるし、そうなれば利益も大幅に増大して、航空会社の株式も値上がりすると考えたのだ。

ジョッシュが私のオフィスに入ってきたとき、サウスウエスト航空の株式は簿価を若干上回る八・三四ドルで取引されていた。大半の国内航空会社と異なり、サウスウエストは数十年間黒字で、債務と同等の現金を保有していた。同社は、管理の行き届いた信頼に足るローコストキャリアとして素晴らしい評価を獲得していた。驚くべきことに、サウスウエストは、フォーチュンの二〇一一年の調査において、世界で最も尊敬される企業の第四位にランクインしていたのだ。サウスウエストは、第五位となったプロクター・アンド・ギャンブル、六位のコカ・コーラ、七位のアマゾン、八位のフェデックス、そして九位のマイクロソフトよりも上位なのだ。その他フォーチュンの上位五〇社に選ばれた航空会社は、第一八位となったシンガポール航空だけである。

サウスウエスト航空は、一九六七年三月一五日、ハーブ・ケレハーとロリン・キングによって、エア・サウスウエスト・カンパニーとして設立された。当初の計画は、ダラス、ヒューストン、そしてサンアントニオというテキサス州の主要三都市だけを航行するというものであった。二人の創立者のうちリーダー格であったケレハーは、テキサス州内での航行であれば、エア・サウスウエストは連邦の面倒な規制を回避できると考えていた。しかし、法廷闘争が新しい航空会社の開業を遅らせることになる。ブラニフ、コンチネンタル航空、トランステキサスの三社が新たな競争相手の参入を嫌って法廷に持ち込んだのだ。テキサス州の裁判所で徹底的に戦わされたこの闘争は二年以上に及ぶものとなったが、一九七〇年代後半に至り、テキサス州最高裁判所は、エア・サウスウエストの設立を認めるとの判決を下した。一九七一年三月、エア・サウスウエストは社名をサウスウエスト航空と改め、その三カ月後、ボーイング737三機（すぐに四機に拡大する）を擁して、ダラス、ヒューストン、サンアントニオを結ぶ新しい航空会社として操業を開始した。

設立以来、ハーブ・ケレハーは、一九四九年に設立されたカリフォルニア州を拠点とするパシフィック・サウスウエスト航空にサウスウエスト航空のモデルを見ていた。パシフィック・サウスウエストは、航空券の割引を初めて行った大手航空会社である。さらに、顧客を喜ばせるために、フライトを楽しいものにしようとする。客室乗務員やパイロットは、乗客と冗談を交わすよう促された。一九六〇年代には、客室乗務員の制服がミニスカートになり、流行に変化が見られた一九七〇年代になると、ホットパンツまで登場する。同社は所有する航空機の先端にスマイルマークまで施した。会社のあるべき行動様式を示すため、パシフィック・サウスウエストの創立者であるケン・フリードキンは派手な色のハワイアンシャツで通したという。パシフィック・サウスウエストのスローガンは「世界で最もフレンドリーな航空会社」であり、それこそが乗客を楽しませるものとしたのだ。

一般に、潜在的な競合同士というのは互いに不仲なものであるが、ケン・フリードキンは、ハーブ・ケレハーがパシフィック・サウスウエスト航空のビジネスモデルをまねようとしたことを知って喜び、サウスウエストの修理工の訓練に手を貸すばかりでなく、サウスウエストに、フライト、操業、さらには訓練マニュアルまで提供することに同意する。

ケレハーは、ダラスのラブフィールドを本拠地に定め、「ラブ」という言葉を初期の宣伝文句に採用した。乗客に供される飲み物は「ラブポーションズ」、ピーナッツは「ラブバイツ」といった具合である。NYSE（ニューヨーク証券取引所）における同社のティッカーはLUVである。客室乗務員の選考委員にはヒュー・ヘフナーのプレイボーイジェットの乗務員を育てた人物まで含まれていた。委員会が選抜した客室乗務員は、チアリーダーやバトンガール、社交的で個性の強いダンサー出身者ばかりと言われた。ハーブ・ケレハーは、彼女たちにホットパンツとゴーゴーブーツを制服として支給する。サウスウエストが、パシフィック・サウスウエストの一見変わった、楽しくも成功したモデルに倣っていることは明らかであった。

新しい航空会社を立ち上げるのは難しいものである。乗客は、信頼と安全の実績を積み重ねた既存の航空会社を利用するほうが安全だ、と考えるものだ。一九七一年から一九七二年にかけて、サウスウエストは顧客獲得に苦労し、赤字となった。それゆえ、保有していた四機の737のうち一機を売却して、給与や他の費用の支払いに充てなければならないほどだったのだ。二五％の収容量の喪失を補うため、サウスウエストは各飛行機の滞留時間を大幅に短縮する方法を見いだした。サウスウエストを極めて効率的で、優れたローコストキャリアへと育て上げたケレハーによる努力の始まりである。

低いコストと、安い航空券、そして「ラブ」ビジネスモデルによって、サウスウエストは一九七〇年代中盤までには成功を収めるようになった。一九七五年の収益は二三〇〇万ドルまで増大する。ちなみに、一九七四年が一五〇〇万ドル、一九七三年が九〇〇万ドルである。一九七三年は収支トントンといったところであったが、一九七四年には黒字となり、一九七五年には税引き後で三四〇万ドルの利益を上げている。収益力を得たサウスウエストは飛行機を追加取得する。一九七八年までに、一三機のボーイング737で、テキサスの一一の都市を航行していた。一九七八年の収益と税引き後利益は、それぞれ八一〇〇万ドルと一七〇〇万ドルである。サウスウエスト航空は、その名を知られるようになった。

一九七八年、航空業界では大幅な規制緩和が行われ、サウスウエストもテキサス州の外へと拡張することを決する。最初の州際飛行は、一九七九年一月二五日のヒューストンからニューオーリンズへのフライトであった。その後の二年間、ローコスト、低運賃戦略の成功に後押しされたサウスウエストは、少しずつ就航地を増やしていった。一九八〇年までに、同社は一四の都市を結んだ。一九八〇年の収益と税引き後利益は、それぞれ二億一三〇〇万ドルと二九〇〇万ドルとなる。一九八〇年の年次報告書で、同社の経営陣は次のように述べている。「低運賃で頻繁に運航すること、従業員たちの誇るべき生産性、そして資産の有効活用とが見事に組み合わさって」、お客様に大切なお金を節約していただくことができ、また同時に「過去五年間にわたり、国内のどの航空会社よりも高い営業利益率を獲得し、株主資本利益率も年利三七％を達成することができました」。

その後二〇年間、アメリカの主要都市のほとんどに航路を拡張したこと、また低いコストと運賃を維持し、イノベーションを起こし、優れた経営陣に恵まれたことでサウスウエストは急成長を続けた。一九八〇年から二〇〇〇年の間に、同社の収益は、二億一三〇〇万ドルから四六億二八〇〇万ドルへと、年複利成長率（ＣＡＧＲ）で一六・六％も増大、純利益も二八四〇万ドルから六億三一〇万ドルへと年複利成長率で一六・五％も増大した。二〇年間、コストを低く抑えるために、サウスウエストは簡潔さを重視している。維持管理と訓練の費用を抑えるために、同社が所有し、運用する機体はたった一種類、ボーイング737だけである。混雑を避けるために、小規模な空港を用い、ダラスではフォートワース国際空港ではなくラブフィールドを、シカゴではオヘヤ空港ではなくミッドウエーを利用する。予約管理の費用を削減するために、航空券をインターネットで販売し、チケットレスシステムを最初に導入したのもサウスウエストである。また、乗客は指定席を確保することはできないが、搭乗後は早い者勝ちで好きな座席を選ぶことができる。コストをさらに削減するために、同社は独自の予約管理システムを構築した。コモディティ化した事業を行っているとしたら、勝つのはコストが最も低い者だ。サウスウエストのコストは極めて低く、そして勝者となったのである。

ハーブ・ケレハーの創造力やそのスタイルを知るためには、次の話が有効であろう。一九九二年三月、サウスウエストが「ちょっと気の利いた飛行機」という宣伝文句を使い始めた直後、すでに何年間も「気の利いた飛行機」という宣伝文句を使っていた航空機メンテナンス会社のスティーブンス・アビエーションが商標侵害だとしてサウスウエストを訴えようとした。法定闘争ではなく、何度かの話し合いの末、ハーブ・ケレハーとスティーブンスのCEO（最高経営責任者）であるカート・ハワールドは、ダラスの競技場で腕相撲の試合を行うことで決着をつけることにした。CEOが試合に向けて「トレーニング」をする様子を映し出したプロモーションビデオまで作られたのだ。ビデオのなかで、ハーブ・ケレハーは、腹筋運動をするにも助手に助けてもらっている姿までさらした。腹筋運動の餌に、ワイルド・ターキーのウイスキーボトルが置いてあるという趣向である。腕相撲は三回勝負である。一回負けるごとに、敗者は指定された慈善団体に五〇〇〇ドルを寄付しなければならない。三回のうち二回勝ったほうが、「気の利いた飛行機」の使用権を得るのだ。勝者はカート・ハワールドであったが、彼はその場で「気の利いた飛行機」の共同使用をサウスウエストに提案する。腕相撲の試合によって、両社とも商標の使用権を獲得し、慈善団体は一万五〇〇〇ドルの寄付を獲得、さらに両社は最高の宣伝効果を得たのだ。

二〇一一年までに、サウスウエストの収益は一五〇億ドルを超えるまで増大したが、二〇〇一年から二〇一一年の間、同社のＥＰＳ（一株当たり利益）は二〇〇〇年の〇・七九ドルをピークに、二〇一一年には〇・四〇ドルまで減少している。燃料費の増大と景気の低迷が、利益を急激に縮小させた要因である。

二〇一二年八月、ジョッシュが私のオフィスに来たとき、ウォール街はサウスウエストの将来には無関心であった。運賃設定の改善によってＥＰＳが七倍も増大すると予測したウォール街のアナリストなど皆無であった。七月一九日、サウスウエストが六月の第２四半期の業績を発表した翌日、何人かのアナリストが同社のリポートを発行した。そのとき株価は九・一五ドルといったところであった。ゴールドマン・サックスは、同社のＥＰＳは二〇一四年には〇・九九ドルまで増大し、株価は八・五〇ドルとなると予測した。メリルリンチは、二〇一四年のＥＰＳは一・二〇ドル、株価は九・五〇ドルとし、バークレーズはさらに楽観的だった。二〇一四年のEPSは一・三五ドル、株価は一四ドルと予測したのである。しかし、ジョッシュは価格に関する自分の考えが正しければ、利益額はウォール街の見通しを大幅に上回ることになると考えていた。彼の論は次のとおりである。二〇一二年の同社の収益はおよそ一六〇億ドルと予測される。航空券の価格が一%上昇すれば、サウスウエストの税引き前利益は一億六〇〇〇万ドルずつ増大する。実効税率を三九%とし、希薄化後の株式総数を七億四五〇〇万株とすれば、純利益は一株当たり〇・一三ドルずつ増大することになる。ジョッシュの考えでは、国内の需要が引き続き収容量の限界に近づくのであれば、航空運賃は少なくとも年に四〜五%は上昇し、収益の二%と見込まれているコスト増大をも二〜三%は超過する計算だ。実際に年に二〜三%の価格上昇が四年間継続したら、二〇一六年までにはEPSが一・〇四ドルから一・五六ドルは増大することになる。さらに、サウスウエストは二〇一五年の末までに、年間の税引き前利益を一一億ドル増大させるべく、収益改善計画を発表したばかりなのだ。一一億ドルというのは、次の三つからなる。

1．同社は、同じくリージョナル航空であるエアトラン航空を買収した。エアトランをサウスウエストに取り込むことで得られる年間のコスト削減は四億ドルに上ると見込まれる。

2．さらに、エアトラン航空は効率の悪いボーイング717を利用しているので、これを別の機種に転換していけば、年に二億ドルは節約できる。

3．最後に、サウスウエストでは、737－800に座席を増やす方法を見いだした。座席数の増加と、新しい予約管理システム、その他操業面での改善を合わせれば、年間の税引き前利益をおよそ五億ドルは増大させることができる。

一一億ドルの計画が成功すれば、二〇一六年までにEPSは〇・九〇ドル増大することになる。これらの予測と前提とに基づけば、サウスウエストのEPSは二〇一二年の〇・六〇ドルから、二〇一五年には二ドル以上、二〇一六年には二・五〇ドル以上になる可能性が十分にあるとジョッシュは考えたのだ。さらに考慮しなければならない点が二つある。一つは、向こう数年間での需要の増大である。二つ目は、負債と同額の現金を保有し、さらには多額の現金を生み出し続けているサウスウエストが積極的な自社株買いを計画していることだ。ジョッシュの予測では、自社株買い計画によって、希薄化後の株式総数は二〇一一年の七億七四〇〇万株から、二〇一六年には七億株を大幅に下回るまでになる。需要の増大と自社株買いの計画は、すでにおいしそうなケーキにデコレーションを施しているようなもので、航空運賃が年に四～五％増大するならば、サウスウエストのＥＰＳは一〇一六年には二・五〇ドルを上回るとする自身の考えをさらに補強するものだとジョッシュは言うのだ。

ジョッシュは自らの予測の合理性を確認するために、第二の方法を用いた。サウスウエストの収益は二〇一六年までにおよそ一九五億ドルまで増大すると予測している。九・一一テロ攻撃以前の三年間で、サウスウエストの営業利益率は一六・四～一八・一％といったところであった。業界の景気が回復するという見立てが正しければ、サウスウエストの利益率も一六～一八％の水準まで回復し、それゆえ二〇一六年の営業利益は三二～三五億ドルとなる。三二～三五億ドルの営業利益から一億二五〇〇万ドルの金利費用を差し引き、実効税率を三九％とし、希薄化後の株式総数を六億七五〇〇万株とすれば、サウスウエストの二〇一六年のＥＰＳは二・七五～三ドルになる。ジョッシュはこう結論づけた。

ジョッシュはさらに、アメリカのほかの航空会社三社のファンダメンタルズも簡単に分析したところ、そのどれもが価格の上昇から大幅な利益を獲得し得るが、バランスシートがおぼつかないものであるという。例を挙げれば、二〇一二年六月三〇日時点で、デルタは八八億ドルの純負債を抱え、有形資産の簿価は一一〇億ドルのマイナスであった。ユナイテッドは、四三億ドルの負債を抱え、有形資産の簿価は三三億ドルのマイナス。アメリカンは破産。それに比べ、サウスウエストは純負債はなく、有形資産の簿価は五九億ドルである。燃料価格の急騰やテロ攻撃、急激な景気悪化など、航空業界が予期せざる衝撃を受けたら、不安定なバランスシートを持つ航空会社は破産状態に陥り、株主はその資本を大きく永久喪失することになるだろう、とジョッシュは考えた。ジョッシュによると、デルタやユナイテッドの株式はサウスウエストよりも上昇余地は大きいが、われわれの投資対象とはなり得ない。グリーンヘイブンは資本を永久喪失することを嫌うのだ。

ジョッシュはサウスウエストの株式の評価に取り掛かる。浮き沈みの激しい業界の企業をどのように評価したら良いのだろうか。ジョッシュには、まったく見当のつかないものであった。私にしてもそうである。われわれは、株式を評価するに合理的な方法を持ち合わせていなかったのだ。しかし、やらないわけにはいかない。サウスウエストが二〇一六年に一株当たり二・五〇ドル程度を稼ぐとしたら、株式は間違いなく上昇し、現在の九ドルから何倍にもなる可能性がある。さらに、同社の質とバランスシートを考えれば、資本の永久喪失はかなりの確率で防ぐことができる。どうやら、勝者を見つけたようだ。ホームランである。

ジョッシュは、サウスウエストのＣＦＯ（最高財務責任者）であるタミー・ロモとの電話会議を設定した。われわれはロモに質問を浴びせ、自分たちの分析に穴はないか見つけようとした。どうやらなさそうだ。むしろ、サウスウエストについて学び、考えれば考えるほど、同社のリスク・リワードはかなり好ましいもの、実に魅力的なものであると実感できるようになった。

私は、ジョッシュを追い出すことはせず、すぐにサウスウエスト株の買いに取り掛かった。もし一年前にグリーンへイブンは航空会社の株式を買う可能性があるかと問われていたら、私は「あり得ない」と答えていたであろう。しかし、投資家は、時に過去の決定を否定するような新しいアイデアをも受け入れる必要があると考えている。投資事業では、人生と同様に、視野が狭くなると不利になるのだ。

サウスウエストのポジションを構築した直後、私は一五歳になる孫のグラントにその話をした。グラントは一八五センチもの背丈があり、フットボール選手らしい体格をしている。グラントはサウスウエストに拒否反応を示した。「エディ（孫たちは皆、私をあだ名で呼ぶのだ）、サウスウエストの座席って窮屈だよ。広い座席を確保しようと思ったら、少なくともフライトの一時間前にはゲートに着いてなくちゃいけない。僕は「サウスワースト」って呼んでるよ」。すべての乗客がフットボールの選手であるわけでないし、グラントとは違って、ほとんどの乗客が自分で運賃を支払わなければならず、それゆえ、たとえ前もって座席を予約できないとしても、同社の格安運賃をありがたいと思っているのだ。

われわれがポジションの構築を始めた直後から、サウスウエストの株価は急上昇を始めた。保有株が上昇するまでに何年もかかる場合もあれば、買いのタイミングに恵まれることもある。サウスウエストの場合、われわれは恵まれていた。二〇一三年初頭、株式市場は好転し、航空業界の中期的な将来に明るい見通しを持つ投資家も出てきた。しかし、ウォール街の会社のほとんどが、航空会社の収益や株価が急上昇するとは予測していなかった。たとえば、二〇一二年秋から二〇一三年春にかけて、ゴールドマン・サックスのアナリストは、サウスウエストの二〇一四年のEPS予測を、〇・九九ドルから〇・九五ドルへとわずかに引き下げた。二〇一三年一〇月七日、ゴールドマン・サックスのアナリストは、サウスウエストの価格政策を好感しながらも、二〇一四年のEPS予測は〇・九八ドルとわずかに増大させたにすぎなかった。その後、一〇月二四日、サウスウエストは、二〇一三年第3四半期の利益が、前年同期の〇・一三ドルから一六一％増大して、〇・三四ドルとなったと発表した。EPSの増大は、価格の上昇によるものであることは明らかであった。われわれが計算したところ、ジェット燃料価格の変化を勘案すれば、有償旅客マイル当たりの価格は八・六％上昇している。業績発表の当日、ゴールドマン・サックスはやっと事態を把握したらしく、二〇一四年のEPS予測を一・一二ドルまで引き上げた。その日、サウスウエストの株価は三・七％上昇し、ジョッシュが満面の笑みを浮かべて私のオフィスに入ってきた日に比べると二倍となっていた。ゴールドマン・サックスもウォール街のほかの会社も、市場が逼迫することで航空運賃が急上昇することを予測できなかったのだ。おそらく、ゴールドマン・サックスのアナリストたちは、サウスウエストの目の前の問題ばかりに気をとられるあまり、全体を見渡し、同社の株価に中長期的な影響をもたらす重大なファンダメンタルズの変化を正しく分析・予測できなかったのであろう。彼らは、最新のニュースを伝えるリポーターに成り下がったのであり、アナリストではないのだ。

さて、話を続けよう。二〇一三年第4四半期、サウスウエストの航空運賃は六・四％（ここでも燃料価格の調整を行っている）上昇し、二〇一四年前半も適度な上昇を続けていた。二〇一四年春までに、ウォール街は航空運賃と収益力とが上り調子であることの認識を深めた。二〇一四年のEPS予測を一・五〇ドル程度まで引き上げはしたが、二〇一四年以降のEPSについては控えめな上昇を予測する会社がほとんどであった。たとえば、ゴールドマン・サックスの予測は、二〇一四年が一・五〇ドル、二〇一五年が一・七二ドル、二〇一六年が一・八六ドルといったものであった。しかし、ジョッシュは二〇一四年の予測として一・五〇ドルが正しいとしたら、その後の年間成長と、一一億ドルに上る収益改善、そして自社株買いとで、二〇一六年のEPSはさらなる航空運賃の上昇がなかったとしてもゴールドマン・サックスが予測する一・八六ドルを大きく上回るものになると考えていた。市場が逼迫するにつれて、国内の航空会社は運賃を値上げすると考えるのが合理的だと考えていたのだ。

晩春、ジョッシュ、クリスと私はサウスウエストへの投資について検討することに多くの時間を費やした。当時、株価は二五～二六ドルといったところである。われわれは、一年後、そして二年後の株価がどうなるか見積もろうとしたが、混乱するばかりであった。われわれには、同社が通常の経営環境でどれほどの利益を上げるか予測する術がなかったのだ。航空業界は浮き沈みが激しく（たいていは沈む）、常態と言える時期がほとんどないのだ。さらに、われわれは、優れた業界の優れた企業や、可もなく不可もない業界の優れた企業を評価する術は持ち合わせているが、悲惨極まる業界の優れた企業を評価する術は持ち合わせていなかったのである。

最終的に、われわれはサウスウエストへの投資の半分ほどを売ることに決めた。株価は、取得当時に比べれば大幅に上昇しており、航空業界一般の魅力のなさを考えれば、ポートフォリオに占める割合が大きくなりすぎていたのだ。また、株価はジョッシュが初めて自身の理論をまとめ上げた日から三倍近く上昇しているので、サウスウエスト株のリスク・リワードは当時ほど良好なものではなくなっていたのだ。持ち株を売ろうかどうか迷ったとき、私は半分、またはその場で合理的と思われる程度を売ることにしている。

サウスウエストの株価は二〇一四年の夏も上昇を続け、秋には三五ドル近くに達した。サウスウエストはわれわれの予想を上回る成果を残したのである。需要は旺盛で、収容量は逼迫、運賃は底堅く上昇していた。ジェット燃料の価格も下落している。われわれはそのすべてを把握していたが、それはほかの投資家たちも同じである。これ以上の朗報は期待できず、サウスウエスト株のリスク・リワードはもはや好ましいものではない。そして、われわれは残りすべての保有株を売ることを決めたのである。

第13章 ゴールドマン・サックス

二〇一四年春、私は新しい投資アイデアを探すために多大な時間を費やしていた。銘柄リストを調べ、有望そうなさまざまな業界について考えを巡らし、雑誌や新聞に目を通し、同僚たちと議論を戦わせ、他の資産運用会社たちが最近取得した銘柄のリストを洗い出したりしていた（資産運用会社は、四半期に一度、SEC［証券取引委員会］のForm13－Fを通じて、保有銘柄を公表しなければならない）。しかし、イライラが募るばかりであった。魅力的なアイデアを見いだせずにいたのだ。何度も何度も見返してみたが、何も得るものがなかった。

五月三〇日の金曜日、ブルームバーグ誌の最新号の表紙に、ゴールドマン・サックス投資銀行部門の共同責任者たち三人、デビット・ソロモン、リチャード・グノッド、ジョン・

S・ワインバーグが登場し、巻頭記事が掲載されていた。私は、ジョン・S・ワインバーグの祖父のシドニー・ワインバーグと一九六六年から一九六七年にかけて一緒に働いた経験があり、ジョン・Sの父でゴールドマン・サックスの共同上級経営者を長らく務めたジョン・L・ワインバーグのことも知っていた。息抜きに記事を読んでみようと思った。そこでは、ゴールドマン・サックスの投資銀行部門の強みと収益力とが取り上げられていた。

少々興味がわいたので、ブルームバーグ端末を開き、ゴールドマン・サックスの株価を確認してみた。一五九・八〇ドルである。同社の一株当たりの有形資産の簿価（有形資産の簿価とは、株主資本から、営業権や無形資産を差し引いた額である）は一四五・〇四ドルである。ひらめいた。ゴールドマン・サックスは一流企業であるにもかかわらず、その株価は有形資産の簿価にたった一〇％のプレミアムが乗っているにすぎなかったのだ。さらなるひらめきが訪れる。ゴールドマン・サックスには資本をほとんど必要としない事業が二つ（投資銀行部門と資産運用部門）、多額の資本を必要とする事業が二つ（「トレーディング」部門と投資部門）ある。資本を必要としない事業が通常の経営環境で獲得する利益を算出し、資本を必要とする事業が上げる利益をＲＯＥ（自己資本利益率）で一〇％以上と仮定すれば、ゴールドマン・サックスの収益力を予測することができる（一〇％とした理由は次のとおりである。トレーディングに関して、ゴールドマン・サックスは競合他社のどこよりも高い利益を上げていると言われている。仮にゴールドマン・サックスがトレーディング事業から一〇％以上のリターンを獲得していないとすれば、競合他社は自分たちの事業を継続するだけのリターンを稼ぎ出せていないことになる。競合他社が不採算部門から撤退すれば、それだけ競争は減り、スプレッドも広がり、ゴールドマン・サックスのリターンは一〇％に近づくことになる。投資事業については、ゴールドマン・サックスは自ら株式投資と貸し付けを行っている。長期的にみれば、普通株への投資は年利九～一〇％の平均リターンをもたらす。また、銀行業務も、預金と貸し付けとでレバレッジを効かせたポートフォリオを持っていると仮定できるので、長期的に見れば貸し付けから年利一〇％以上のリターンを獲得している。それゆえ、ゴールドマン・サックスの投資事業では少なくとも投下資本の一〇％はリターンを上げているとしても合理的である）。私はこのようにして同社の利益モデルを構築した。

同社の財務諸表をダウンロードする。資本をほとんど必要としない事業では、平均以下と思われる経営環境のなか、税引き後で一株当たり五ドル強の利益を上げている。ゴールドマン・サックスの簿価のうち四ドルはこうした事業に割り当てられると考えられるので、残りの一四一ドルをトレーディングと投資事業に割り当てることになる。それゆえ、トレーディングと投資事業は一株当たり一四ドル以上の利益を上げることになり、企業全体では一株当たりおよそ二〇ドルの利益を上げると考えることができる。すると、有形資産に対するリターンはおよそ一四％になるという計算だ。利益とリターンの予測を立てたので、私はその合理性について検討してみた。それらは果たして現実的な数字であろうか。今回の場合、ゴールドマン・サックスが有形資産に対して一四％程度の利益を上げることができるという私の見当は、極めて合理的であると思われた。投資というのは、合理性と常識、そして判断に基づき行われるべきものである。

企業を評価するにあたり、われわれは通常、向こう二年間を見通そうとする。ゴールドマン・サックスが現在獲得できる利益を二〇ドルとするならば、二〇一六年までには少なくとも二二ドルの利益を上げることができる（金融市場というのは、年利五～六％の成長を示す傾向がある）。次に、ＰＥＲ（株価収益率）について検討する。資本をほとんど必要としない事業では、平均以上のＰＥＲを期待できる。しかし、トレーディングや投資事業はそれに比べると魅力に乏しく、平均以下のＰＥＲしか期待できない。結果として、私はゴールドマン・サックスの株式には一二～一五倍のＰＥＲを当てはめることとした。それゆえ、第一の結論として、ゴールドマン・サックスの株価は二〇一六年までには、現在よりも六五～一〇五％高い、二六五～三三〇ドルの価値を持ち得ると考えた。私は、やっと有望なアイデアにたどり着いたのだ。

私は興奮を抑えられなかった。ほかのことはすべて放り出し、ゴールドマン・サックスのＦｏｒｍ 10－Ｋを読み始めた。私は、同社の株式は大幅に割安となっているという自身の分析とは相反するような情報を見いだそうとした。多くの時間を割いて研究したのが、係争中の訴訟である。これは、二〇〇八年から二〇〇九年の金融危機に先立って行われた不正な取引に端を発するものである。われわれは倫理規範に疑義のある企業に対する投資は差し控えているが、ゴールドマン・サックスの道徳の退廃は、三万二〇〇〇人いる同社の従業員のうち、ごくわずかな者たちに見られるものであり、彼らが行った無責任な助言や不正取引の責めを企業自体が負う必要はないと私は確信した。三万二〇〇〇人もの従業員を抱える企業が、悪い輩を一人も採用せずにいられるとするほうが非現実的なのだ。私にしてみれば、ごくわずかな無責任な連中の不法行為をもって、組織全体が責められるべきではない。

次に、私はゴールドマン・サックスのバランスシート（貸借対照表）を検証した。金融危機のあと、同社は大幅にレバレッジを解消することを決めた。二〇〇七年、ゴールドマン・サックスの総資産は株主資本の実に二六倍もあった。しかし、二〇一三年末までに、それは一二倍以下にまで縮小している。私は次に、バランスシートの質について分析しようとしたが、これは実に難しい。というのも、ゴールドマン・サックスが保有する資産は日々変化し得るからである。しかし、二〇〇八年の金融危機の結果としてゴールドマン・サックスの財政状況は、多くの政府機関に継続的に監督されていることを知っていたので、私自身は安心していた。また、ＦＲＢ（米連邦準備制度理事会）は、ゴールドマン・サックスが自社株を取得することを許可しており、それは、二〇一三年には六二億ドル、二〇一二年には四六億ドル、二〇一一年には六〇億ドルに上っている。ＦＲＢは、理事や職員たちがゴールドマン・サックスのバランスシートの健全さによほどの安心感を抱いていないかぎり、これほど巨額の自社株買いを許容しはしないだろうと私は考えた。もちろん、ＦＲＢも間違いを犯すことはある。正確無比な情報に基づいた経営判断などあり得ず、また状況は刻々と変化する。しかし、この不確かな世界においても、ＦＲＢによる調査というのは、ゴールドマン・サックスの株式を保有するリスクを分析にするにあたっては、重要な要素である。

さらに、景況期が長く続いたあとこそ、資産の質が懸念される。なぜなら、景気の良い時期が長く続くと、必ずや過信が生まれ、リスクを過小評価しがちになる。もちろん、その逆もまた真である。恐ろしいまでの金融危機とその後の深刻な不景気のあとでは、経営陣はとりわけリスクを回避しようとしがちなのだ。

ゴールドマン・サックスの10－Kでは、投資銀行に対する規制の増大について多くの紙面が割かれていた。ウォール街の多くが、規制の増大を否定的なものととらえていた。しかし、私には希望の兆しに見えた。資本要件が急激に厳しくなったことで、弱小企業はいくつかの事業から撤退せざるを得なくなり、その結果として競争が減少する。さらに、ドッド・フランク法をはじめ、さまざまな規制を順守するためにかかるコストが新規参入の大きな障壁となっている。それゆえ、ドッド・フランク法を導入した結果、図らずも、競争が抑制され、巨大かつ資本力に優れた金融機関の力とその市場シェアとが増大したのだ。

10－Kに目を通したあと、私はすぐにグリーンヘイブンの二人のアナリストを召集した。わが息子クリスとジョッシュ・サンドブールトである。われわれ三人は、その後二時間をかけてゴールドマン・サックスの事業の良い点・悪い点について話し合った。ブレインストーミングである。ゴールドマン・サックスは、言うまでもなく魅力的な産業のなかで、大きな力を発揮している企業であり、同社の株式は大幅に割安な状態に置かれている、というのがわれわれの結論であった。今もって、多くの投資家が金融機関のバランスシートのリスクを懸念しており、また当該業界が過剰な規制によって抑えつけられていると考えていることが、ゴールドマン・サックスが割安に放置されている理由だとわれわれは考えた。それらの懸念は過剰であり、時間とともに修正されるものである。こういったときこそが、われわれには絶好の機会なのだ。

私は、ゴールドマン・サックスが二〇一三年に一株当たり一五・四六ドルの利益を上げたことを見て興奮を覚えた。これは一〇年前の一株当たり五・八七ドルに比べたら大幅な増大である。一〇年の間に、同社は、大恐慌以来最悪とも言える金融危機と不景気とを経験し、敵対的な訴訟や厳しい規制を受けたにもかかわらず、一六三％も利益を増大させたのだ。アナリストや歴史家は、企業の目の前の問題にばかり固執して、その強みや進歩や明るい見通しを軽んじる傾向があることを私は経験から知っている。これは二〇世紀アメリカの発展についても同じことが言えるであろう。二〇世紀末、アメリカの国民はこの世紀が始まったころに比べれば、はるかに豊かで健康で安全で、かつより良い教育を受けている。実際に、二〇世紀は桁外れな進歩を見せた世紀であろう。しかし、多くの歴史書が二度にわたる世界大戦の悲劇と不人気極まるベトナム戦争、大恐慌や市民権運動のときの社会不安、そしてワシントンのリーダーシップ不足ばかりに焦点を当てている。深刻な問題と過ちに満ちた世紀であった、と。新聞や歴史書だけを読んでいたら、アメリカは衰退の世紀を過ごしたとの結論に至るであろう。しかし、アメリカは強く、繁栄した世紀を過ごしたのだ。ゴールドマン・サックスの二〇一三年も同じである。

ブルームバーグは経営陣が行った多くのプレゼンテーションを保管している。私はゴールドマン・サックスの経営陣がどのような声明を出しているか知りたかったので、直近一〇件のプレゼンテーションを聞いてみた。私が特に興味をそそられたのは、二〇一三年五月三〇日に、同社の社長兼COO（最高執行責任者）であるゲーリー・コーンが行ったものである。そのなかでコーンは、二〇一二年はたいへんに厳しい環境であったにもかかわらず、ゴールドマン・サックスは一〇・七％のROE（自己資本利益率）を上げることができたと述べている。さらに「経営環境が改善すれば、（中略）さらにROEを上昇させるよう会社を導いていく」と付け加えた。彼は、「中期的にリターンを増大させる機会」について詳しく述べてもいる。牽引役の一つは収益である。コーンは、投資銀行部門の収益が近年低迷したのはシクリカルなもので、通常の環境に戻れば収益は拡大し、利益も大幅に伸びると指摘した。また、金融危機と、その後の規制や資本要件の増大で多くの競合が姿を消しているので、投資銀行部門の市場シェアを増大させるチャンスであるとも述べている。「われわれにとって重要な収益機会を作り出すに、大した人員削減は必要ない」と強調している。

コーンはまた、経費削減によってゴールドマン・サックスの利益は拡大するとも述べている。ゴールドマン・サックスは一九億ドルに及ぶ経費削減計画を無事に終えたところであり、同社の収益に占める人件費の割合は過去数年間で大幅に低下していると述べた。

ゲーリー・コーンは、私の創造力を駆り立てることにも触れている。彼は、ゴールドマン・サックスは「効率性を最大化させるべく、必要に応じて経営資源を再配分していく。われわれには高い順応性があるのだ」と述べたのだ。ゴールドマン・サックスの事業で平均以下の収益しか上げられない分野があれば、同社はより高い収益をもたらす分野へと資本を振り向けていくのだろうと私は考えた。この融通無碍ぶりこそが、金融機関の優れた点である。一方、製造業というのは、誤った設計や工場などをも背負い込まなければならない。ブラジルの人件費がアラバマ州のそれよりも大幅に低いものになったからといって、製紙会社がアラバマにある製紙工場をブラジルに船で移動させる、などということは不可能なのだ。

ゴールドマン・サックスのプレゼンテーションには、同社の将来に対する確たる自信がにじみ出ていた。その内容は、経営陣は積極的かつ上昇志向ではあるが、傲慢ではないことを示すものであった。プレゼンテーションは注意深く準備されたものであることには気づいたが、さりとて私は好意的な印象を持った。

その後私は、ゴールドマン・サックスの重役を務めていた三人の知人に電話をかけた。だれもが同じような印象を持っていた。つまり、経営陣は優秀で、若い社員たちは同世代でも最も優秀な連中であり、優秀かつ意欲的な社員たちは、自分たちそして会社のためにお金を稼ぐ術を躍起になって探している。そして、同社は業界でナンバーワンのブランドイメージを保ち続けている。

経験は直観を育む。そして私の直観は、ゴールドマン・サックス株を買い始めろと言っている。投資アイデア、ファンダメンタルズ、利益予測、そのすべてが魅力的である。ミスター・アーサー・ロスは「われわれは弁論部ではない、弁論部ではないのだ。行動しなさい、エド。行動するのだ」と繰り返し忠告していた。そう、私は行動するのだ。ゴールドマン・サックス株の買い注文を出した。そして、数週間のうちに、われわれはポジションの構築を終えたのである。

それから一カ月ほどたったころ、私は中規模な運用会社でファンドマネジャーを務めるウィル・ゴードンと昼食をともにした。二〇一三年の強気相場のあと、新しいアイデアを見いだせずにいたわれわれにとって、ゴールドマン・サックスは天の恵みであると私はゴードンに語った。また、二〇一三年、われわれのポートフォリオは市場を大きく上回るリターンをもたらし、また現在五〇億ドルを超える資金を運用しているので、ゴールドマン・サックスのように大きなポジションが取れる銘柄を探さなければならないのだとも述べた。株式市場の水準や運用資産の規模を考えると、高いリターンを獲得し続けることは容易ではない、と付け加えた。すると、ゴードンは「それなら、エド、将来は低いリターンで妥協しなければならないでしょう」と言う。私はゴードンの言葉に即座に拒否反応を示した。特に「妥協」という言葉が気に入らなかったのだ。私の投資の辞書に、妥協という言葉はないし、将来もないであろう。勝つために戦うスリルを私は人生を通じて楽しんでいる。ありきたりのテニスや平凡なゴルフに「妥協」はしないし、平凡な投資結果にも妥協したりはしないのだ。ウィリアムズカレッジの四年次、私は毎日のようにホプキンス門を通った。門の石柱に掘られていたモットーがある。

高く登れ、遠く登れ
空を目指せ
星を目指せ

これは私の信念になっている。私は星にはしごをかけることを目指しているし、すべての階段を登らんとしている。良識ある大志こそが成功をもたらし、報われたという実感を与えてくれるのであり、競争社会においては、ほどほどで妥協しようとする態度が往々にして失敗につながるのだ。たしかに、株式市場が高値を付けているときに、五〇億ドルを運用するのは難しいことだ。しかし、「挑戦」という言葉にはまったく異なる二つのとらえ方がある。一つは、明らかに踏破できない壁に直面した場合の不満。もう一つは、壁を登るスリルと喜びであろう。人それぞれであろうが、私は後者を選ぶ。将来、低いリターンに「妥協」するなどナンセンスだ。

二〇一四年秋のある晴れた日、私はゴールドマン・サックスの取締役会の主席取締役であるアベバヨ（「バヨ」）・オグンレシとの朝食会議に招かれた。主たる目的は同社のガバナンスについて話し合うことである。私はすぐに招待に応じた。約束の日、私は四五分も早く、ウォール街にあるゴールドマン・サックスの本社に到着した。会議に遅れるのは無礼なことであると私は考えているので、電車が遅れたり、タクシーがつかまらないことを恐れて、移動には十分すぎるほどの時間を取るのだ。これは、ヴァヘンハイム家の気質である。それも数あるなかのひとつだ。早すぎたときは、いつもコーヒーを飲んだり、近所を散歩したりして時間をつぶす。しかし、このときは四五分を有意義に使った。私はスカイロビーになっている本社一一階への直通エレベーターに乗った。ゴールドマン・サックスの従業員のほとんどが一一階でエレベーターを乗り換え、そこにあるカフェテリアでコーヒーやスナックを取っていくのだ。私は快適な椅子を見つけ、ゆったりと四五分を過ごした。私は人間観察をしていたのだ。ゴールドマン・サックスの従業員たちがどのような会話をしているか、どのような服を着て歩いているかを見ることで、この会社で働いている人々の雰囲気をつかもうとしたのだ。そして驚かされた。従業員たちは皆、互いにフレンドリーで、笑顔を絶やさず、きちんとした身なりをして、自らの目的をしっかり持っているように思われた。また、一一階のフロアそれ自体にも驚かされた。機能的なレイアウトで、エレガントな雰囲気、趣味も良く、けっして華美ではない。表紙だけを見て本を判断するのは危険だが、会社の従業員やオフィスを観察することは有意義だと思う。

　バヨ・オグンレシとの朝食会議の約束の午前九時の少し前、私は本社ビルの最上階に向かうエレベーターに乗り、ゴールドマン・サックスの重役用会議室に案内された。会議室を入ると、ベーグルに果物、オレンジジュースにコーヒーがカートにところせましと並んでいた。残念ながら、卵もベーコンもない。パンケーキもフレンチトーストもない。もちろん、タキシードを着たウエーターもいない。極めてシンプルな、セルフサービスの朝食である。私がゴールドマン・サックスに抱いた好感はさらに高められた。ゴールドマン・サックスは贅沢な振る舞いで客人を驚かせようとはしていない。

　オグンレシの経歴は興味深かった。ナイジェリアのマクンという小さな村に生まれ、ラゴスのキングス・カレッジの高校に通ったあと、オクスフォード大学に進学するためナイジェリアを離れた。オクスフォード大学で学士号を取得後、ハーバードのビジネススクールとロースクールの両方に同時に通い、ハーバード・ロー・レビューの編集委員となる。彼はアフリカ系でこの任に就いた最初の二人のうちの一人であり、もう一人は彼のクラスメートである。一九七九年にＬＬＢ（法学士）を取得したあと、サーグッド・マーシャルに仕え、アメリカ最高裁判所初の非アメリカ人書記となる。一九八三年、オグンレシはニューヨーク市のクラバス・スワイン・アンド・ムーアに加わる。弁護士として数カ月を過ごしたころ、クレディ・スイスがナイジェリアの液化天然ガス工場の交渉と六〇億ドルの資金調達のためにオグンレシを貸してほしいとクラバスに願い出る。オグンレシはクラバスには戻らず、すぐにクレディ・スイスで頭角を現し、ついには同社のグローバルバンキング部門の長となり、取締役に選出される。二〇〇六年、オグンレシはプライベート・エクイティ・ファームの共同創立者となるためにクレディ・スイスを去る。グローバル・インフラストラクチャー・パートナーズは、インフラ投資、特にエネルギーや運輸、水資源関連への投資を行う会社である。アメリカンドリームなどあり得ないとだれが言えようか。

ゴールドマン・サックスの本社に向かうタクシーのなかで、私はこの後の会議について思いを巡らし、オグンレシは、ゴールドマン・サックスの取締役会は経営からは独立しており、取締役会はリスクの管理に集中し、経営陣の報酬については公表しないということを強調するだろうと予測していた。これら三つが重要な要素であることは明らかだ。案の定、オグンレシはこの三つを強調した。株主を満足させるためのセールストークである。それゆえ、会議からそれ以上に得るものは何もなかったが、私はそもそも期待もしていなかった。

もうひとつ気になったことがあった。オグンレシは、親しみやすく、明瞭で、ゴールドマン・サックスの業務について理解しているように見えた。しかし、どれほど理解しているのだろうか。彼にはほかに本業がある。彼のゴールドマン・サックスについての知識は、おそらくは経営陣が彼に伝えたことか、取締役会用に準備された資料によるものであろう。取締役というのは外部の人間なのだ。彼らは、実際に行われていることを知るために、ゴールドマン・サックスのオフィスやトレーディングデスクを控えめに歩いて回るなどということはできないのだ。私は一九七〇年代に自分が取締役を務めていた鉛精錬の会社の役員会が忘れられない。会議は再利用精錬を行う現場で開催された。再利用精錬の場では、古い車のバッテリーを破壊し、ほかの原料から鉛だけを取り出す作業が行われている。鉛は溶鉱炉で精錬され、再び販売される。再利用精錬の場というのは汚いものだが、実際に不潔な場所であった。バッテリーを破壊するとき、鉛もその他の原料もあちこちに飛び散るのが常だ。しかし、役員会が開催された精錬所には塵一つ落ちていなかった。私には、精錬所の作業員たちが、役員の到着前に、ブラシと掃除機、モップにタオル、洗剤や歯ブラシまで使って精錬所を掃除していたことが容易に想像できた。私の疑いは、会議の途中にトイレ休憩を取ったときに、さらに強まることとなった。男性用トイレで手を洗ったあと、ゴミ箱が五〇本のプレッジ（洗剤の名称）でいっぱいになっているのを発見したのだ。事ほどさように、取締役が経営陣から提供される情報というのは、より良く見せたいと思っている彼らに注意深く洗われているのだ。

一二月中旬、私はゴールドマン・サックスの取締役に新たに二人が選出されたことを伝えるオグンレシのメールを受け取った。メールには彼らの履歴書が添付されていた。私は、新しい取締役の経歴だけでなく、それを私に（おそらくはほかの大株主にも）伝えようとメールを送ってくるオグンレシの努力に感銘を受けた。このメールで、私は友人で、かつて偶然にもゴールドマン・サックスの重役を務めていたボブ・メンズチェルの四〇年以上も前の言葉を思い出した。メンズチェルは、従業員に対するちょっとした気遣いが、やがては良好な関係と彼らのやる気をもたらすのだ、と言ったのだ。誕生日を忘れてはならない。子供たちのことや休暇の予定について話しなさい。時折、彼らをランチに誘いなさい。従業員にはちょっとしたクリスマスプレゼントを送りなさい。オグンレシはメンズチェルの忠告に従い、そして報われているのだ。ゴールドマン・サックスのだれか（オグンレシや彼の部下たち）がグリーンヘイブンや私を気遣い、そして彼らに対する好感は改めて強まるのだ。

二〇一五年五月、再びゴールドマン・サックスの本社に招待を受けた。今回は、ゲーリー・コーン社長兼COOとハーベイ・シュワルツCFO（最高財務責任者）に会うためである。私はまたこの機会に飛びついた。その前月、ゴールドマン・サックスは二〇一五年第1四半期に一株当たり五・九四ドルという驚くべき利益を上げたと発表していた。これは、有形資産に対して一五％のリターンに等しい。五・九四ドルを年率に換算すれば、およそ一株当たり二四ドルにもなる。覚えているだろうか、私は二〇一六年のゴールドマン・サックスの利益予測を一株当たり二二ドルとしたのだ。つまり、二〇一五年の第1四半期だけで、ゴールドマン・サックスの利益は私の予測を上回ったのである。

ゴールドマン・サックス本社での会議で、私はコーンとシュワルツに、第1四半期の業績は持続可能かどうか質問を繰り返した。どの部門が過去の趨勢を上回っているのか。どのくらい上回っているのか、それはなぜなのか。またどの部門が下回っているのか。どれほど下回っているのか、そしてそれはなぜなのか。経営陣は私が望んだ情報を開示しようとはしなかったが、同社の通常の収益力は有形資産の簿価のおよそ一五％で、経営陣は保守的であり、過度な発言はしないよう言葉を選んでいるという確信を得て、会議をあとにした。経営陣と会うときに、私は企業の「公式見解」を耳にすることが多い。つまり、企業の偉大さや将来の繁栄ばかりを力説し、弱みを無視した見解である。ゴールドマン・サックスの場合、コーンとシュワルツは率直で、彼らの意見はおおよそ信頼に足るとの直観を私は得ていた。

六月二日、ドイツ銀行のプレゼンテーションが行われているさなか、ゲーリー・コーンは第1四半期の業績について次のように述べた。「われわれの顧客は少しばかり活発な取引を行っているが、これが当社の上昇余地であるとは思わない。われわれは当社のビジネスモデルそれ自体に多大な上昇余地があるものと感じている」。もちろん、この言葉は私に心地よく響いていた。

この音色は、ゴールドマン・サックスが将来繁栄する理由をコーンが挙げたことで続いていた。

われわれは、あらゆる意味でテクノロジー企業であり、社員のおよそ四分の一は技術部門で働いている。われわれは数多くの重要な技術投資を行っており、それによって唯一無二の競争力を得ているのだ。

われわれは財務体質を転換し、費用構造も再構成している。また資本配分にかかる経営判断を速やかに実施する体制を構築してもいる。あらゆる事業のなかで強固な地位にあるが、将来の利益を低減させるような事業は売却するか、そこから撤退している。われわれの競争優位は高まっている。経営環境が改善することでもたらされる機会をとらまえる地位にあるのだ。

夏も終わりを迎えるころ、私は何人かの投資銀行家にコーンの言葉は信頼に足るか、「戯言」にすぎないか聞いてみた。彼らは、コーンはたしか営業マンだが、彼の楽観論も根拠のあるところであり、ゴールドマン・サックスは強力な会社であると答えた。ゴールドマン・サックスについて知れば知るほど、私は面白い投資をしたとの確信を強めたのである。しかし、その後もわれわれの分析や判断を狂わせるような外部環境の変化に用心しながら、ゴールドマン・サックスの観察を続けていた。時折、ブラックスワンとも言えるイベントがわれわれの投資を一件、また一件と蝕んでいくことがある。このような事態が出来した場合、われわれは努めて冷静に、投資を継続することの経済性を再検討しなければならない。そして、必要とあらば、売るのだ。

二〇一四年秋、それが現実となった。当時われわれは、石油とガスのサービス会社三社で大きなポジションを、同じく石油とガスの製造会社一社にやや小さいポジションを持っていた。二〇一四年の夏の間、原油価格はOPEC（石油輸出国機構）、特にサウジアラビアによって高値で維持されてきた。しかし、北米のシェール層ならびにイラクの産油量が増加したことで、世界的な供給過剰が発生することは明らかであった。しかし、サウジアラビアは供給過多を解消し、価格水準を維持すべく生産量を抑えるであろうと考えていた。しかし、われわれは間違っていた。サウジアラビアの指導層は、ほかの地域での生産量の増加を相殺すべく自国の生産量を減少させるのではなく、「つぼみのうちに摘み取る」挙に出たのだ。つまり、コスト高で知られた北米のシェールオイルの採算が合わなくなるまで、価格が下落するのに任せたのだ。結果として、北米の石油生産は滞ってしまう。

二〇一四年夏の間、一バレル一〇〇ドル程度で推移していた原油価格は、九月に下落を始める。一〇月になっても下落は止まず、一一月初旬に八〇ドルを割り込んだ。私は、地域ごとの需給予測を詳細に検討した結果、政情が不安定な国で政治的・軍事的混乱が起こるか、サウジアラビアが生産を抑えるかしないかぎり、原油の供給量は増加し続けるとの結論に至った。サウジアラビアが生産を抑えることで高値を維持する意思があるのであれば、なぜ彼らは原油価格が八〇ドルもの安値にまで下落するのを放置したのか、と自問してみた。「専門家」やメディアのほとんどがOPECは生産量を抑え、価格は回復すると予測していたが、市場の雑音に耳を貸すよりも、魚の値段に注意を払ったほうがよほど良いというのは言い古されてきたことだ。そして、魚の価格を見れば、OPECが生産量を抑えるつもりがないことが分かる。私の懸念は、石油価格が安ければ、われわれが保有する石油関連銘柄の利益と株価とは下落するであろうことだ。石油やガス会社には新しい油井を掘削する資金もやる気もないのだから、地中の鉱量の価値も下落する。そこで私は、OPECが生産量の調整を行わないとしたら、石油価格はどの程度になるか試算してみた。一バレル五五～七〇ドルが通常の価格というのが私の結論である。長期的な価格が七〇ドルを上回るのであれば、シェールオイルやほかの高コスト油井も採算が合うので、生産量は増加しよう。しかし、長期的な価格が五五ドルを下回るのであれば、採算の合う油井は少なく、世界的な需要を賄うことはできない。つまり、原油価格が長期的に五五～七〇ドルの水準にあるとしたら、われわれが保有する四つの石油関連銘柄はもはや魅力薄となるのだ。私にはサウジアラビアが生産を抑えるとは思えなかったので、一一月一三日、保有株の売却を始めた。一一月二七日、ウィーンで開催された会議の場でOPECは生産量や価格を調整することをやめると正式に発表した。われわれは、二〇一五年初旬までには、すべての石油とガス関連銘柄を売却した。

二〇一四年も終わりを迎えるころ、私は、石油関連銘柄に大きなポジションを有しているファンドマネジャーとゆっくり会話する機会を得た。彼が言うには、私の需給予測は、途上国、特に中国の将来の需要を過小に見積もっているので誤りだという。彼は、二〇一五年に石油市場は逼迫するとするウォール街の証券アナリストによる予測を二つ送ってきた。私はそれまでにもウォール街のアナリストや業界のコンサルタントによるたくさんのリポートを読んできている。そのほとんどが、サウジアラビアが生産量を抑えないかぎり、二〇一五年は供給過多となるとしている。このファンドマネジャーは、大多数の意見は無視して、自らの分析に合致する二つの少数意見を引っ張り出してきたように思われた。彼は、新たな展開に耳をふさいでしまったのだ。彼は、希望的観測にとらわれてしまっているのだ。投資家は、自らの分析を補強するような情報を追い求めるようなことは避けるべきだと私は考えている。むしろ投資家は、業界や企業のファンダメンタルズに悪影響を及ぼすような新たな展開を目にしたら、自らの分析や判断を率先して変えなければならない。優れた投資家というのは、広い心を持ち、融通無碍であるべきなのだ。

二〇一五年半ば、私はこの石油関連銘柄を保有しているファンドマネジャーと朝食をともにした。彼は、原油市場はすぐに逼迫するという論には見切りをつけていたが、新しいシナリオを展開した。彼は、五つの国際石油資本（BP、シェブロン、エクソン、ロイヤル・ダッチ、トタルの五社）がアメリカの石油会社の買収に興味を示しているという。アメリカが政治的に安定していること、そして水平掘削と多段階破砕とがシェール層の鉱量と生産とを増加させることが彼らの興味の源泉であるというのだ。彼は、自分が保有する企業のいくつかは五つのメジャーのどこかにプレミアム付きで買収されると考えていた。

朝食を終え、私はブルームバーグの端末を開き、時価総額が五〇億ドル以上あるアメリカの中規模石油ならびにガス会社が二八社あることを突き止めた。雷がどこで光るかだれも分からないように、二八社の企業のうちどの企業が五つのメジャーに買収されるかなど分かりはしない。どの企業が買収されるかは分からないが、二八社すべての株式を同額取得しておくことはできる。五つのメジャーのどこかが向こう一二カ月のうちに二八社のうちの一社を買収し、買収価格が時価に三〇%のプレミアムを乗せたものとなれば、二八銘柄からなる私のバスケットは、ほかの条件が変わらなければおよそ五%上昇することになる。グリーンヘイブンは年利一五～二〇%の平均リターンを獲得することを目標としているので、ポートフォリオの一部が買収によって五%のリターンをもたらすとしてもさして魅力的な話ではない。さらに、この五％というのは、メジャー五社が向こう一二カ月の間に買収を行えばこその話であって、私からするとその可能性は低いように思われる。簡単に言えば、そのファンドマネジャーが言う新しいシナリオの経済性は、二八銘柄への投資を正当化するものではなさそうだ。どうも彼は、石油会社への投資を続けるための理由を探し回っているようだ。われわれはもっと素直だ。自分たちが間違っていたり、ファンダメンタルズが不利に変化したりすれば、われわれは即座に否を認め、方向転換する。もともとの判断を正当化する新しい理屈を探し求めたりはしないのだ。われわれは過ちを悪化させたり、無駄な努力をしたりはしない。さっさと売って、次に行くだけである。

二〇一五年一〇月後半、顧客の一人マイク・オーバーロックが電話を寄越して、ランチの約束をした。オーバーロックはゴールドマン・サックスのスタープレーヤーだった人物で、一九八二年にパートナーとなり、一九八四年にはM＆A部門の長に、一九九〇年には投資銀行部門の共同責任者になったのだ。さらに、一九九〇年にはゴールドマン・サックスの経営委員会にも選出された。これは、ゴールドマン・サックスがパートナー制だった時代に、企業全体を管理していた組織である。オーバーロックがゴールドマン・サックスから身を引いたとき、ウォール・ストリート・ジャーナルは彼を「ウォール街最強のM＆

Aディールメーカー」と称した。もちろんオーバーロックは、私が彼の口座でゴールドマン・サックスの株式を買っていることを知っていたので、ランチの話題はゴールドマン・サックスになるだろうと考えていた。そこで、私はその準備を始めたが、オーバーロックが持つゴールドマン・サックスの知識を考えて、念入りに準備することとした。ゴールドマン・サックスに関するファイルを取り出し、書きつけたメモを見直し、株式を買った理由を再考する。再考すればするほど、同社株が優れたリターンをもたらすであろうことに確信を強めたのである。私は幸せであった。しかし、資産運用者として働くことは、ほぼ常に幸せである。世界や経済や産業や企業の研究に一日を費やし、創造性を働かせ、企業のCEO（最高経営責任者）たちにインタビューをし、オーバーロックと昼食を共にする。職業としてはパーフェクトだ。私はどれほど幸せであろうか。本当に、本当に幸せだ。

第14章

ジャック・エルガートへの手紙

二〇〇八年、とある若手の資産運用者がわれわれの投資手法を伝授し、アドバイスをしてほしいと言ってきた。彼の求めに応えて、私は彼に次の手紙を送っている。

＊　＊　＊　＊　＊　＊　＊

親愛なるジャック君

ご質問ありがとう。この手紙で君の質問に答えたいと思う。冗長になるだろうが、容赦してほしい。この複雑極まる問題をほんの数段落でまとめるのは至難の業だからだ。また、私の投資手法やアイデアには畏敬に値するようなものは何もないことを肝に銘じてほしい。人生も同じであるが、投資家として成功する方法もさまざまなのだ。

言い古されていることだが、ガレージに立っていても車になることはないとの同様に、教会に通ってもキリスト教徒になるわけではない。また、何か特別な戦略や投資手法を手にしたからと言って、ウォーレン・バフェットになれるわけではない。だが、役には立つ。特に困難に直面したとき、合理的な投資判断を下す役には立つ。

われわれの主たる戦略は次のとおりだ。前向きな変化が起これば急上昇するであろう、健全かつ成長している企業の大幅に割安となった株式を買うことだ。割安であること、成長していること、そして健全であることは、われわれが資本を永久喪失するリスクを抑え、その一方で、前向きな変化が起これば、高いリターンを獲得する機会を提供するのだ。

われわれの第一の目的は、資本を永久喪失するリスクを管理することだということを強調したい。株式を分析するとき、われわれは適当な期間に回収できないような損失を被らず済むと確信できる要素を探す。投下した資本を永久喪失するリスクが比較的低いと確信できるまでは、その銘柄の肯定的な面についての分析は行わない。

われわれはリスク管理を重視しており、したがってグロース株投資家ではなく、バリュー投資家となった。長年にわたって見てきたところ、グロース株の多くは市場の成熟や競争の激化（新しい破壊的な技術の登場などもある。コダックが好例であろう）などによって成長率が低下すると、永遠にその価値を失ってしまうものなのだ。

過去五〇年以上にわたり、株式市場は年利九～一〇％（値上がりと配当だ）の平均リターンをもたらしている。割安な銘柄でポートフォリオを構築すれば、その銘柄が市場並みのパフォーマンスしか示さなかったとしても、投資家は長期的には九～一〇％のリターンを獲得するのだ。もし割安に放置された銘柄を見いだし、まだ株価に織り込まれていない前向きな変化を予測できたとしたら、さらに大きなリターンを獲得できる可能性があるのだ。前向きな変化とは、企業や業界の景気循環が上向くことや、利益獲得の障害となっていた問題が解決すること、興味深い新製品やサービスが投入されること、軟弱な経営陣が入れ替わることなどである。前向きな変化から利益を獲得し、急騰するまでに長い時間がかかる銘柄もある。我慢強さが必要だ。もし予測した前向きな変化が起こらなかったとしたらどうか。それでも、一般的な銘柄は長期的には九～一〇％の平均リターンをもたらすのだ。悪い結果ではないだろう。アイシング（糖衣）こそかかっていないが、ケーキは手に入るのだ。

それゆえ、私に言わせれば、分析力があり、創造性に優れ、自制心ある投資家が賢明なる判断を下せば、市場の平均を大きく上回るリターンを得ることができる。そのような投資家が、九~一〇%を大きく上回るリターンを獲得できれば、最終的には複利の力を借りて、大変裕福になれるだろう。「複利」という言葉は私のお気に入りのひとつである。複利は強力だ。ウォーレン・バフェットが世界有数の資産家になったのは、一回の投資の成功で大金を儲けたからではなく、四五年の長きにわたって、およそ二〇%の複利でバークシャー・ハサウェイの価値を高めてきたからである。仮に投資家が、年利二〇%の平均リターンを、四五年にわたって上げることができたら、当初の一〇〇万ドルは三六億ドルになる計算だ(計算のために、実現したキャピタルゲインや配当金にかかる税金などを除外している が、もちろん、現実の世界ではそれはできない)。大成功であろう。

しかし、バリュー投資は簡単に聞こえるが、たくさんの投資家が同様の方法で成功しようとしているので、競争が厳しい(面白く、エキサイティングでもあるが)ということを忘れてはならない。バリュー投資家として成功するためには、将来のシナリオ、特に前向きな変化についてのシナリオを構築できる創造力が有効であろう。どのようにしたら創造力を高めることができるかをじっくり考えてみたが、人間の能力というのはつかみどころがなく、創造力の働きを理解することは雲をつかむようなものなのだ。しかし、これだけは言えよう。考えを巡らせること、新しい考えや変化を喜んで受け入れること、先入観から解放されることが大切である。創造的なアイデアというのはめったにひらめくものではない。むしろ、既存のアイデアを組み合わせたり、解釈し直してみたりすることで生まれるものなのだ。

バリュー投資家には経験も必要である。ビジネススクールを卒業し、プロの投資家として何年か働けば、賢明かつ勤勉な投資家であれば、楽譜どおりの演奏はできるようになるだろう。しかし、音楽を奏でるようになるまでにはさらに数年の修行が必要だ。音楽もスポーツも同じであるが、一流のプロは長きにわたる練習のなかでリズムを生み出し、それが最適な結果をもたらしているのだ。私見であるが、優れた投資家が持つ直観力（または第六感）というのは、一部は生来の能力であり、一部は経験から得られるものなのである。

創造力と経験に加え、優れたバリュー投資家には、ほかの投資家たちの見解とは異なる決断を下すことができるだけの自信が必要である。株価というのは、そのときの市場の見解を反映しているのだ。概念的には、人気はなく、大幅に割安に放置されているとあなたには思える株式も、ほとんどの投資家はそうは思わないのだ。さもなくば、かなりの数の投資家が本源的価値を実現すべく、株式を買うことをすでに決定してしまっているのだ。それゆえ、優れたバリュー投資家は自身の分析や評価に基づいて判断を下さなければならず、ウォール街のアナリストや新聞記者やテレビのコメンテーターなど大勢の意見を無視しなければならないのだ。コントラリアンでなければならず、寂しかったり、不快であったりすることも甘んじて受け入れなければならない。株式を買うときは、快適であることよりも不快であることのほうが良いのだ。

また、決断が明解であることなどめったにない。企業のファンダメンタルズには常に不確定なことがあり、またすべての企業が現在も将来も、強みばかりでなく問題も抱えているのだ。それでもなお、投資家はあり得べき結果の可能性を評価し、それに基づいて判断を下さなければならない。投資とは、確率論的なものなのである。

可能性を正しく評価し、優れた判断を下すためには、投資をしようとしている企業やその業界について大量の情報を得なければならない。質・量ともに優れた情報を得ることが、投資家に競争力をもたらすのだ。情報を得るために、われわれは企業のファンダメンタルズの調査に多大なる時間を割いている。

投資は公式的なものではないが、利用すべき、または防ぐべきパターンや戦略がいくつもあるように思われる。

1. 目の前の状況に目を奪われ、大局観を失わないように注意しなければならない。これは、景況期が長く続いたあとほど大切である。「強気」市場では、多くの投資家が良好な結果を自身の能力によるものとし、環境のおかげでそうなっていると考えなくなってしまう。これは投資家の過信につながり、リスクを正しく評価できなくするのだ。

2. 過去や現在のトレンドをそのまま将来に当てはめることには注意を要する。過去は時に非現実的な将来への道しるべとしかならないことが多いのだ。バックミラーを見て車を運転するのは、道路が直線であるうちは良いが、急カーブに差し掛かれば悲惨なことになる。これは投資も同じである。

3. 自分の見解を補強する情報を探し求めたり、自分の考えの問題点をあぶり出しかねない情報を除外するようなことがないよう注意しなければならない。株式を保有すると、その銘柄に関する良いニュースは受け入れるが、悪いニュースは受け入れられなくなることが多い。これは、バイアスを生み出し、誤った判断を下すことになりかねない。

4．株式や業界については徹底的に調査し、情報の量だけでなく質にも注意を払わなければならない。質の高い情報は、不確実性とリスクを低減させる。しかし、少ない情報だけに基づいて判断を下すことは危険である。だからといって、調査ばかりに気を取られて投資機会を逃してはならない。スープの味を知るために、皿まで平らげる必要はないのだ。

5．景気や金利や株式市場の予測に基づいて投資判断をするのは、注意が必要である。景気や金利や株式市場の方向性に影響を与える要因はあまりに多岐にわたっているので、それらを見いだし、分析し、ウエートづけすることは不可能に近い。仮にそれができたとしても、それが個別銘柄の株価にどれだけ織り込まれているかを見積もるのは容易ではない。経験が教えるところによれば、投資家は世界についての己の知識を過信し、また偶然がもたらす影響を過小評価しがちである。ウッディ・アレンはかつて次のように述べている。「私は、チャイナタウンの抜け道もよく知らないくせに、世界を知りたいと思う人間があまりに多いことにびっくりしている」

6. 企業の経営陣は、企業についてあなたが手に入れることができるよりも多くの情報を持っている。彼らの言葉よりも、行動に注意を払わなければならない。経営陣はほかの人々と一緒で、己の利害のために行動しがちなのだ。経営陣が自分の口座で自社株を買ったらおおむね良いサインであり、その逆も同様である。株価を高めようとする経営者を支持しようではないか。

7. 経営陣による予測や、自分たちの予測を信じさせようという利害を持つ者の予測には特に注意が必要である。

8. 最近買収を行った「合併した」企業には注意が必要である。通常、買収はオークションを通じて行われ、買収側の企業は最も高い価格を支払うことに合意しているのである。買収合戦で最も賢いのは買われる側につくことだとするウォーレン・バフェットに私は同意する。クリスティーズやサザビーズのオークションで絵画を買った場合、隣の席に座る人からお祝いの言葉をもらうことが多いが、私はこう思うのだ。だれも支払おうとしなかった価格を支払うことは祝福されることだろうか、と。私が買収に躍起になっている企業を評価する場合、最近買収した事業を、買収にあたって支払われた価格に、その後の成長や相乗効果をプラスし、買収価格が高すぎると思えば、その分を割り引く。それゆえ、近年合併した企業では、簿価に計上されている大きなプレミアムには価値がない場合が多いのだ。

9．需要と供給の法則を意識しなければならない。通常、需要と供給とのバランスが市場価格を決める主たる要因となろう。また、需給関係に影響を与える拮抗力にも注意が必要である。たとえば、あるものが供給が逼迫しているために高い価格で売られている場合、供給の追加（高値につられた）や、需要の減少（高値に嫌気が差して）または、より安価な代替物の登場で、市場の逼迫が解消することはよくある。

10．他人の銘柄推奨には注意が必要だ。特に、雄弁で権威があるように見えても、プロの投資家として成功する能力は欠いているメディアの人間にはとりわけ注意が必要である。

一〇数えられる馬は素晴らしい馬に違いないが、優れた数学者ではないのだ。

11. メディアに過剰な影響を受けてはならない。悪いニュースは売れるので、メディアには否定的なバイアスがあるのだ。長年にわたり、メディアが予測した重大な問題の大半が現実とはならず、実現したとしても予測したほど重大にならないことが多い。一九七九年八月一三日付のビジネスウィークの巻頭記事のタイトルは「株式の死」であった。記事の骨子はこうだ。投資家は普通株から高利回りの投資に乗り換えている。つまり、株式市場はここ数年の長期低迷から早々抜け出せないであろう、というものだ。記事が書かれたとき、S&P五〇〇指数は一一年前と同じ水準であったが、ビジネスウィークは完全に間違えたのだ。記事が公表された直後、株式市場は強気相場に突入した。一九七九年八月から二〇〇〇年八月までに、S&P五〇〇指数はおよそ一〇〇から一五〇〇まで値を上げたのだ。一九七九年八月にS&P五〇〇指数のファンドを取得した投資家が、二一年後にファンドを売っていたら、年利一六%（配当含む）の平均リターンを獲得したことになる。

12．数字やモデルに過度に頼るのは避けなければならない。投資家は、数字やモデルを決まったものとして過度に信頼しがちである。しかし、それらは繰り返すことのないヒストリカルデータや、妥当ではないかもしれない前提に基づいたものであり、誤解の元になる。数字やモデルは必要である。しかし、それを用いるには、判断と常識とを組み合わさなければならない。水深が平均一メートル弱ほどしかない川を渡ろうとして、深みで溺死した統計学者の話もある。彼は明らかに判断と常識とを欠いていたのであろう。

13．分析と感情とを分けなければならない。特に、市場が厳しい状況にあるとき、多くの投資家が取り乱し、感情に基づいて投資判断を下すと、不合理かつ高くつくものとなる。感情を理解し、厳しい時期の本質を理解することで、投資家は精神を落ち着かせ、合理的に行動することができるようになるのだ。

14．簡潔たれ。自らの投資がどのような結果になるかは、投資家には分からない。しかし、主たる可能性を見いだし、分析しようとすることはできるし、起こるべき可能性を評価することはできる。さらには、それらの予測と経済性とに基づいて合理的な判断を下すこともできる。われわれは可能性と蓋然性の世界に生きているのであり、確実性のなかに生きているのではない。重要ながらも不明なものの数を減らすことができれば、当然、成功する確率を高めることができる。投資の結果が、比較的小さな可能性に基づいたものであるときこそ、自信を持たなければならない。

15．木は天まで伸びることはないことを認識しなければならない。株価や市場全体が歴史的に見ても高値にまで上昇しているときこそ注意しなければならない。過大評価は禁物である。特に「常態」などという言葉が世間で受け入れられ始めたら危ないのだ。市場のセンチメントが逆転したら、過大評価はあっという間に激しい調整に見舞われるのだ。

16．何年も前に、私は株式市場が過大評価されているかどうかを見極める方法を見いだした。まずは、S&P五〇〇指数の一九六〇年から二〇〇〇年までの四〇年間の「利益」の分析から始めた。回帰分析の専門家の助けを借りて得た結論は、利益は年複利成長率（CAGR）でおよそ六・八％増大し、S&P五〇〇の利益の（ノーマルな）トレンド線は二〇〇〇年にはおよそ四六・七五であるべきだということである。さらに同じ四〇年間で、S&P五〇〇指数は平均すると一五・八倍のPER（株価収益率）で「売られている」ので、それを株式市場の標準とした。これらのヒストリカルな数値に基づくと、二〇〇〇年におけるS&P五〇〇指数はおよそ七三九（四六・七五×一五・八）が標準となる。利益は年複利成長率で六・八％成長し、この成長率が将来も継続しないとする理由はないので、S&P五〇〇指数の将来の標準値を予測することができるのだ。たとえば、二〇一〇年の標準値はおよそ一四二七（七三九から一〇年間、六・八％で成長）となる。それゆえ、二〇一〇年にS&P五〇〇指数が一七二五を付けていたとしたら、過去の数値に基づき、市場はおよそ二一％割高だと言えるのだ。安く買い、高く売りたいのであるから、市場が過去に比してどの程度の水準にあるのかを知ることは有用である。特に、市場が高値を付けているときはなおさらである。

17．概念として、投資家は受け入れるリスクを増大させることで、自分のリターンを増大させようとすることはできる。米国債はリスクフリーと考えられているが、それだけに金利も低い。投資適格の社債はよりリスクが高いが、その分金利も米国債よりは高くなる。「ジャンクボンド」はリスクが高いが、それだけに高い金利をもたらす。同様に、ほかよりもリスクの高い普通株もある。すべての投資家は、資本を永久喪失するリスクを分析しなければならないし、どの程度までならばリスクを許容するかを決めなければならない。リスクをどの程度回避すべきかという問いに正解はない。それは投資の性質に依存するし、投資家の要求、期待、そして人格に依存するものである。

18. 投資家は資本を永久喪失するリスクを回避することに努めなければならないが、リスクに回避的になりすぎるあまり、失敗を恐れ、有望な機会を見過ごさないようにしなければならない。最高の投資家ですら過ちを犯すのだ。過ちを犯すのが人間である。失敗することで自信や情熱を失ってはならない。

19. 当初の判断が間違っていたり、環境が変化したら、進んで考えを改める準備をしておかなければならない。間違いは即座に認めるようにしなければならない。

20. 長期的（最低でも二年間）に投資し、短期的な結果を重視しないようにしなければならない。ほとんどのヘッジファンドや投資信託やほかの投資家の多くは、短期的に業績を上げるようプレッシャーを受けている。それゆえ、四半期先に急騰するような投資アイデアは競争過多なのだ。長期的には素晴らしい見通しがあるにもかかわらず、短期的には不確かな銘柄には競争がないのだ。だから、われわれはそこで活動しようとするのだ。

21．株式市場の「タイミングを計ろう」としてはならない。株式市場の短期的な方向性というのはあまりに多くの要因に左右されるので、それらを認識するのは難しく、ましてやそれがどの程度影響し、どの程度市場に織り込まれているかを見定めることなど不可能に近い。さらに、それらの要因は動的なものであり、タイミングを計ろうとする者は、予測が難しい（たいていは不可能だ）将来の展開に翻弄されるばかりなのだ。以上の理由によって、ほとんどの者がまともな打率を残せずにいる。一九九四年のバークシャー・ハサウェイの年次総会でウォーレン・バフェットが言った言葉に私は同意する。「私は市場についての意見を持っていない。なぜなら、それは良いものではないかもしれないし、良いものを邪魔するかもしれないからだ」

22．魅力的な株式をたくさん見つけられるかぎりは、目いっぱい投資するべきである。企業利益や株式市場というのは時間をかけて上昇するものなので、目いっぱい投資をしていれば、流れに乗って泳いでいるようなものなのだ。しかし、投資をするだけ魅力的な株式が十分に見つからなければ、キャッシュで保有すべきである。無理に投資してはならない。さらに、経済が行きすぎていたり、許容できないほどのリスクがあるならば、投資基準を厳しくし、リスクの少ない経済環境であれば受け入れられても、リスクが高い状況では受け入れられないリスクプロフィールの銘柄も売却すべきである。

23．積極的・楽観的に考え、行動すべきである。株式市場はゆっくりと、年率にすれば一桁ずつ上昇するので、悲観論ではなく楽観論をもって臨むほうがよいのだ。

24．集中するも、分散させたポートフォリオを構築しなければならない。概念的に、ポートフォリオに含めるべく最初に選んだ株式というのは、リスク・リワードが最も優れたものであり、それに続く銘柄というのはリスク・リワードが劣るものである。それゆえに、一五～二五銘柄で構成する集中したポートフォリオのほうが、三〇～三五銘柄で構成するポートフォリオよりも、リスク調整済みのリターンは大幅に良いものとなるのだ。一方で、少々の銘柄で資本を永久喪失することになっても、ポートフォリオ全体の価値やファンドマネジャーの自信を毀損しないよう、十分に分散させなければならない。ファンドマネジャーは夜、安心して眠れるようにすることが重要である。集中と分散を実現させるためには、一五～二五銘柄でポートフォリオを構築し、一つの銘柄がポートフォリオ全体の価値に占める割合を一二％以下に、一つの産業を二五％以下にすることが肝要だ。この上限は市場価格ではなく、取得コストを基準とするべきで、そうすることで、急騰しても、いまだ魅力のある銘柄を強制的に売らなくても済むのだ。

25．リラックスして、投資に熱中しなさい。

投資は面白く、知的にもやりがいのあるものだ。面白い。また、君のように優秀でやる気に満ちた人には、うまみの多いものである。君が投資家として成功し、裕福になり、そしてその富を賢く使えるようになることを私は期待している。ペリクレス（アテネの将軍で紀元前五世紀の指導者である）がペロポネス戦争の追悼演説で述べたことが正しかろう。

「富というのは、可能性を保持するためであって、愚かしくも虚栄に酔いしれるためではない」。また、ウォーレン・バフェットやビル・ゲイツも手にした富の大半をチャリティに充てている。彼らに比べて、現世的に報われていない人々を助けるために、である。

この手紙が君の役に立つことを祈っている。改めて記すが、投資で成功する方法は数限りなく存在する。策を講じるに不足はないのだ。

君の投資家人生に幸あることを祈る。

エド・ヴァヘンハイム

■著者紹介
エドガー・ヴァヘンハイム三世（Edgar Wachenheim III）
1987年に自身が設立した投資顧問会社グリーンヘイブン・アソシエイツ（Greenhaven Associates）の会長兼CEO（最高経営責任者）。ウィリアムズカレッジを卒業後、ハーバード・ビジネス・スクールに学び、同校では１年次にベーカー・スカラーに選出された。ニューヨーク近代美術館やニューヨーク公共図書館の理事、公共図書館の投資委員会議長を務める。また数多くの企業の取締役を歴任し、現在は世界的な紙パルプ商社のセントラル・ナショナル・ゴッテスマン・コーポレーション副会長でもある。夫人と暮らすニューヨーク州ライの自宅には４人の子供たちと６人の孫たちが頻繁に訪れる。

■監修者紹介
長尾慎太郎（ながお・しんたろう）
東京大学工学部原子力工学科卒。北陸先端科学技術大学院大学・修士（知識科学）。日米の銀行、投資顧問会社、ヘッジファンドなどを経て、現在は大手運用会社勤務。訳書に『魔術師リンダ・ラリーの短期売買入門』『新マーケットの魔術師』など（いずれもパンローリング、共訳）、監修に『高勝率トレード学のススメ』『ラリー・ウィリアムズの短期売買法【第２版】』『コナーズの短期売買戦略』『続マーケットの魔術師』『続高勝率トレード学のススメ』『ウォール街のモメンタムウォーカー』『グレアム・バフェット流投資のスクリーニングモデル』『勘違いエリートが真のバリュー投資家になるまでの物語』『Ｒとトレード』『完全なる投資家の頭の中』『３％シグナル投資法』『投資哲学を作り上げる 保守的な投資家ほどよく眠る』『システマティックトレード』『株式投資で普通でない利益を得る』『成長株投資の神』『ブラックスワン回避法』『市場ベースの経営』『金融版 悪魔の辞典』『世界一簡単なアルゴリズムトレードの構築方法』『新装版 私は株で200万ドル儲けた』『リバモアの株式投資術』など、多数。

■訳者紹介
藤原玄（ふじわら・げん）
1977年生まれ。慶應義塾大学経済学部卒業。情報提供会社、米国の投資顧問会社在日連絡員を経て、現在、独立系投資会社に勤務。業務のかたわら、投資をはじめとするさまざまな分野の翻訳を手掛けている。訳書に『なぜ利益を上げている企業への投資が失敗するのか』『株デビューする前に知っておくべき「魔法の公式」』『ブラックスワン回避法』（パンローリング）などがある。

2017年4月3日　初版第1刷発行

ウィザードブックシリーズ247

ハーバード流ケースメソッドで学ぶバリュー投資

著　者　エドガー・ヴァヘンハイム三世
監修者　長尾慎太郎
訳　者　藤原玄
発行者　後藤康徳
発行所　パンローリング株式会社
〒160-0023　東京都新宿区西新宿7-9-18-6F
TEL 03-5386-7391　FAX 03-5386-7393
http://www.panrolling.com/
E-mail　info@panrolling.com
編　集　エフ・ジー・アイ（Factory of Gnomic Three Monkeys Investment）合資会社
装　丁　パンローリング装丁室
組　版　パンローリング制作室
印刷・製本　株式会社シナノ

ISBN978-4-7759-7218-2

関連書

ウィザードブックシリーズ 230

勘違いエリートが 真のバリュー投資家になるまでの物語

ガイ・スピア【著】

定価 本体2,200円+税　ISBN:9784775971994

バフェットとのランチ権を65万ドルで買った男！ まるで本書は「バフェットへのラブレター」だ！

本書は、生意気で自己中心的だった若い銀行家が驚くべき変身を遂げて、自分のルールで運用するヘッジファンドマネジャーとして大成功を収めるまでの記録である。

彼は内省と、一流投資家たちとの友情と、彼にとってのヒーローであるウォーレン・バフェットとのチャリティー昼食会（65万0100ドルで落札した）を通じて進化を遂げていった。この昼食会から1年もたたずに、彼はマンハッタンからチューリッヒに移住し、新規顧客への管理手数料を廃止し、株価を頻繁にチェックするのもやめてしまったのである。

この物語には、投資やビジネスや大金がかかった判断に関することについて多くの驚くような洞察があふれている。

ウィザードブックシリーズ 229

グレアム・バフェット流 投資のスクリーニングモデル

ルーク・L・ワイリー【著】

定価 本体3,800円+税　ISBN:9784775971963

「安く買って、高く売る」中長期投資の奥義 「個人投資家」のために初めて開発された 伝説的バリュー投資法

本書は、従来の戦略の殻を打ち破り、よくある過ちを避けたいと思っている中長期の投資家、マネーマネジャー、金融アドバイザーにとっての必読書だ。本書が提供する時代を超えた新しい戦略と考え方に従うことで、リスクを低減し、市場をアウトパフォームすることが可能になるのである。